中央高校基本科研业务费专项资金资助

中国值班律师制度研究

孟 婕◎著

中国法制出版社
CHINA LEGAL PUBLISHING HOUSE

序

孟婕博士的《中国值班律师制度研究》今夏出版，我作为她的导师，很高兴为之作序。孟婕在中国人民大学攻读硕博期间，正逢推进全面依法治国、推进“以审判为中心”的刑事诉讼制度改革徐徐展开，因此她一直聚焦改革前沿，不断丰富理论知识，并通过参加学术活动倾听到来自实务部门的声音。后来她提出想以值班律师作为博士论文的选题，我认为对于中国当下的改革非常有意义。不负所望，经过她刻苦的研究和写作，其博士论文受到答辩委员会的一致认可，也获得了第五届陈光中优秀博士学位论文奖。孟婕现将博士论文整理出版，可以说是目前关于值班律师制度的不多的学术著作。本书系统地、全面地梳理了值班律师制度，回应了制度适用的诸多本土化问题，对于学习和研究该制度具有相当的参考价值。

值班律师制度是我国刑事法律援助的重要组成部分，对于推进程序法治的发展、辩护制度的发展具有重要意义。但该制度最初进入改革者视野，是作为司法改革的一项配套措施，关系到许多制度性改革的成效以及能否真正“落地”。“以审判为中心”的刑事诉讼制度改革以重塑三机关职能地位为出发点，强调了审判阶段尤其是庭审实质化的核心地位。但是如此一来，本就捉襟见肘的司法资源必定难以承载，因此需要体现效率价值的程序分流模式。在这样的背景下，速裁机制以及认罪认罚从宽制度等改革举措相继出炉。为了避免被追诉人因效率提升而丧失必要的权利保障，值班律师制度就恰逢其时地被改革决策者所设立。目前，认罪认罚从宽制度、“刑事辩护全覆盖”的试点都离不开值班律师的参与。应当认识到，值班律师的制度价值不仅局限在辅助其他制度运行方面，其独立价值不可小觑。值班律师制度的合理构建将有助于弥补委托辩护律师、法律援助律师的功能缺位，例如侦查早期法律帮助的缺失，促进实现有效辩护、法律帮助的价值目标。因此，值班律师在当下的司法实践中还有更加宽广、深远的发展空间。本书结合学术理论和司法实践的不同维度，充分诠释了值班律师制度的研究价值。

值班律师制度在我国仍属新生事物，其发展注定了曲折中前进。2018 年，立法者将该制度纳入《刑事诉讼法》，正式上升为法律规范。然而，立法化的过程是较为曲折的，主要矛盾集中在值班律师的性质和定位，对其权利的规定也较为模糊，导致了实践中的许多问题。除此之外，受到资源有限性的制约，值班律师制度在制度保障层面也面临着挑战。本书立足中国本土化背景，凝聚了当下最新的理论研究成果，紧贴司法实践，对实践中的问题作出了透彻的分析和回应，在一些问题上有独到的见解。本书资料翔实、论证充分，对诉讼制度本土化发展中的诉求能够给出富有实践性的解决方案，不仅为解决当下实践困境提供了完善进路，而且对制度的长远发展提出了建设性意见，融汇了理论、实践、案例和分析，是一本值得推荐的好书。

是为序。

陈卫东

2023 年 5 月 1 日

目录
Contents

绪 论

本书的研究对象为值班律师制度。在我国现行法律制度框架下，值班律师制度是指法律援助机构派驻值班律师到人民法院、看守所等地轮流值班，不以申请人的财产状况和案件类型为选择标准，免费为没有辩护人的犯罪嫌疑人、被告人提供法律帮助。值班律师制度是我国刑事法律援助制度的重要组成部分和补充，也是刑事案件程序正义的重要保障。该制度缘起英国，而后被加拿大、澳大利亚、新西兰、日本和我国香港等国家和地区引入，成为法律援助制度中的一个不可或缺的重要组成部分。① 因而，本书以值班律师制度的基础内涵为根基，研究范围包括值班律师的理论基础、功能定位、职责权限、工作模式、保障机制等。

① 就国际通行概念来讲，值班律师制度是指由法律援助机构指派，在警察讯问、法庭审判等诉讼阶段免费为当事人提供即时法律咨询、指导或者作为被指控人的代理人，帮助被指控人申请延期审理、进行保释听证或者处理其他法律事务的制度。

0.1 研究背景与意义

0.1.1 研究背景

刑事案件数量的逐年增加使得我国法律援助案多人少的矛盾更加尖锐，而这也是刑事辩护率始终不能得以有效提高的主要原因之一。为了提高我国的法律援助水平，使之与国际标准接轨，2006 年，联合国开发计划署与我国商务部、司法部合作，在河南省修武县进行值班律师制度试点工作。试点项目结束后，由于效果良好，此后十年间，全国多地陆续开展制度探索，积累了丰富的经验。从经验中可以看出，值班律师制度在平衡控辩力量和节约国家资源两个维度具有积极效应。伴随着近些年司法体制改革如火如荼地推进，速裁程序、认罪认罚从宽制度、刑事辩护全覆盖制度等相继出台，使得值班律师制度迎来了广阔的制度空间，在宏观司法的层面具备了存在的可行性和必要性。

近些年，值班律师制度从司法改革的配套性措施逐步发展为独立的制度规范，在规范层面不断扩充和发展其内涵和适用范围。《最高人民法院、最高人民检察院、公安部、国家安全部、司法部关于推进以审判为中心的刑事诉讼制度改革的意见》《全国人民代表大会常务委员会关于授权最高人民法院、最高人民检察院在部分地区开展刑事案件速裁程序试点工作的决定》[①]《全国人民代表大会常务委员会关于授权最高人民法院、最高人民检察院在部分地区开展刑事案件认罪认罚从宽制度试点工作的决定》[②]《最高人民法院、最高人民检察院、公安部、国家安全部、司法部关于开展法律援助值班律师工作的意见》[③]《最高人民法院、司法部关于开展刑事案件律师辩护全覆盖试点工作的办法》[④] 等一系列规范性文件的出台，则推动了该制度的进一步完善，2018 年颁布实施的《刑事诉讼法》更是对值班律师做出了明确规定。而后 2019 年 2 月司法部出台《全国刑事法律援助服务规范》，将“值班律师法律帮助”与“刑事法律援助”作为并列章节予以规范。2019 年 10 月最高人民法院、最高人民检察院、公安部、国家安全部、司法部出台《关于适用认罪认罚从宽制度的指导意见》[⑤] 进一步明确了值班律师的具体职能职责。2020 年最高人民法院、最高人民检察院、公安部、国家安全部、司法部再一次出台专门规范《法律援助值班律师工作办法》[⑥]，体系化规定了值班律师的工作职责、工作程序和工作保障。2021 年《法律援助法》进一步明确了值班律师属于我国法律援助体系的一部分。

---

① 以下简称《速裁工作办法》。
② 以下简称《认罪认罚试点工作办法》。
③ 以下简称《值班律师工作意见》。
④ 以下简称《全覆盖工作办法》。
⑤ 以下简称《认罪认罚指导意见》。
⑥ 以下简称《值班律师工作办法》。

伴随着规范创新和试点工作稳步推进，值班律师制度有序运转，但是在职责定位、运行机制和管理保障等方面也不免暴露出诸多亟待解决的不成熟之处。而学术界和司法实务部门针对这一公共服务类别的性质、功能、与辩护人关系、权责利的平衡、工作模式、在认罪认罚从宽制度中的特殊规制等问题，进行了多轮次的广泛讨论，仍旧无法避免分歧点的存在。无疑，缺乏理论指引的实践活动是难以保持旺盛生命力的，在这些基础问题尚未厘清的背景下，此一制度势必难以发挥最大功效；而实践困局则呼唤理论层面的进一步明确和完善。

0.1.2 研究意义

在刑事案件中，虽然法律援助律师、委托辩护律师介入的比重在近些年来获得较快发展，但辩护不足问题依旧十分突出。意味着部分刑事被追诉人在诉讼程序中处于孤立无援的状态，既没有律师的帮助，又受制于自身的知识水平的低下和法律知识的不足，难以在“明知”“明智”的情况下处分自己的诉讼权利。尤其在当下大力推行认罪认罚从宽制度的改革背景下，程序的简化势必削弱犯罪嫌疑人、被告人的诉讼权利，若无律师从专业角度给予被追诉人建议，那么诉讼程序的公正性将会受到质疑。在现有法律援助范围狭窄和律师资源并不充足的司法现状下，值班律师制度似乎是恰如其分的选择。因此，从促进严格执法、司法的角度，从综合实现社会公平正义的角度，值班律师制度在当下的中国都是势在必行的一项改革内容。就本书的研究立场而言，将在如下两个方面产生积极价值。

一是，可以为时下值班律师制度的全面推进提供理论支持。在速裁程序与认罪认罚从宽制度的试点进程中，如何发挥律师的作用就一直是实践的难点。无论是相关的规定办法或者学界的著作论述，对于此命题的论述均有待进一步整合深化。本书不仅在宏观层面阐释值班律师的功能预设，更立足于法律援助制度的整体发展，进一步推动保障律师权利的长期工程。而法律规范的不够细化亦使得司法实践中的问题层出不穷，故而值班律师介入认罪案件是否真能发挥理想的效果尚有待观察。因此，本书通过对值班律师功能定位和工作模式的探讨，结合现有的规定和司法实践现状，意图为现阶段司法实践提供相应的理论支持和现实路径，以契合各诉讼参与主体的需求。

二是，可以为未来律师职能的深化与发展提供思路。律师是刑事诉讼活动的重要组成部分，然而司法实践中刑事律师的发展面临困难颇多。首先，阅卷难、会见难、调查取证难、取保候审难、维权困难等诸多困扰，严重阻碍了律师制度的职能实现，妨碍律师为犯罪嫌疑人、被告人提供有效辩护或者提供合理化的法律建议和帮助。故本书意图通过探讨值班律师参与案件的方式，以期逐步提升律师在刑事诉讼程序中的地位，进而深化值班律师制度的职能内涵，并确保加大其最终的可行性。

0.2 研究现状

从目前对域外制度的梳理来看，不同国家的司法现状不尽一致，这必然导致值班律师制度在运行方面存在些许差异。但是各国值班律师的根本共同之处是有目共睹的，具体来说有：(1) 服务的免费性，也可以说是服务的无偿性。值班律师制度是各国法律援助体系的组成部分，是国家责任和行为的体现，申请者无需经过任何形式的经济和条件审查即可获得免费的法律帮助。(2) 值班律师类型化显著。各国根据本国各类型法律服务需求的不同，划分出不同类型的值班律师以针对专业化的需求，能够保证咨询者得到较为专业的解答，并最大限度地保障咨询者的权利。(3) 值班律师提供服务的即时性。在域外，从当事人进入诉讼程序的一刻起，不论身处哪一机关或哪一程序，只要当事人需要法律帮助，就可以随时获得值班律师的帮助，相较于传统法律援助，值班律师制度无需审查经济状况和案件性质，体现了服务的即时性和应急性。(4) 服务内容的广泛性。大多数国家的值班律师涵盖较广的服务范围，包括诉讼和非诉领域，在最大程度上满足咨询者急于寻求法律帮助的要求。

国内关于值班律师制度的学术成果多与认罪认罚从宽制度相联系，集中在认罪认罚从宽制度框架下探讨值班律师的功能以及权利。应然层面，值班律师应当承担诉讼早期填补委托律师和法律援助指定律师暂时缺位的问题，或者在诉讼的关键环节为没有辩护人的被追诉人提供应急性法律帮助。但实然层面，我国速裁程序和认罪认罚从宽等简化诉讼程序的制度安排，大大节约了司法资源，提高了诉讼效率。随之而来的还有亟待解决的矛盾，即简化诉讼程序导致的被追诉人诉讼权利之克减和律师帮助缺失的矛盾。因此，值班律师制度被提出，主要适用于认罪认罚从宽制度中。但值班律师的功能定位一直是理论界和实务界争论的焦点，形成了几种学说。首先，实务部门倾向于将值班律师定位为“程序监督者”，认为值班律师可以起到监督侦查讯问、检察人员提审等环节的合法性，规范执法行为，倾向于值班律师的见证功能。[①] 部分检察官认为自身有能力把握案件事实、证据是否充分、扎实，也会在刑法规定的幅度内给予被追诉人合理的量刑建议，而根本不需要值班律师过分的介入甚至参与相关讨论，只是希冀于值班律师见证具结书的签署过程，以证明犯罪嫌疑人、被告人系出于自愿表态认罪认罚，且程序运行符合法律规范之要求。其次，立法和相关规范性文件有意将值班律师定位为“法律帮助者”，而“法律帮助者”与辩护人却是难以同日而语的，其原因可追溯至某些历史根源。顾永忠教授全面阐述了历史上“法律帮助者”定位出现的背景和含

① 参见孙军、樊华中：《认罪认罚从宽制度中值班律师的职责定位——以上海市工作开展情况为基础》，载韩大元等主编：《认罪认罚的理论与实践——第十三届国家高级检察官论坛论文集》，中国检察出版社 2017 年版。

义，并与当下制度的用意加以对比，得出“法律帮助者”意味着值班律师难以享有辩护人的地位和全部权利，不利于诉讼职能的发挥。① 也有部分学者对这一定位颇为认同，主张我国现下对值班律师制度的研究多受限于认罪认罚从宽的制度框架，却不免忽视了对此一制度本身的细致考量。具体来说，应当充分发挥值班律师在刑事诉讼早期的帮助功能，而不宜仅以其取代传统的法律援助律师之服务方式。② 再次，姚莉教授提出了一种折中观点“准辩护人”，这种观点认为，值班律师有着自身开展活动的某些特殊性，特别是其无法与当事人签订专门的委托代理合同，故不存在基于代理合同而派生的权利义务。因此，不能简单直接地将其定位为传统意义上的辩护律师，但是却可以给予“准辩护人”的身份。③ 最后，学界主流观点还是支持应当赋予值班律师“辩护人”地位，顾永忠教授认为，值班律师“是什么”，就要看法律规定的职责要他“干什么”，值班律师在认罪认罚案件中行使的就是辩护人的职能，那么就应当赋予其辩护人的地位。④ 有学者从诉讼结构的视角

---

① 参见顾永忠、李逍遥：《论我国值班律师的应然定位》，载《湖南科技大学学报（社会科学版）》2017 年第 4 期。

② 参见吴宏耀：《我国值班律师制度的法律定位及其制度构建》，载《法学杂志》2018 年第 9 期。

③ 参见姚莉：《认罪认罚程序中值班律师的角色与功能》，载《法商研究》2017 年第 6 期。

④ 参见顾永忠：《以刑事审判为突破口带动刑事案件律师辩护全覆盖试点向纵深发展》，载《中国律师》2019 年第 2 期。

分析得出，值班律师只能属于辩方力量；[1] 还有学者从权利来源和价值基点等角度论证值班律师的辩护人属性。[2] 汪海燕教授分析立法体例，通过值班律师制度规定在《刑事诉讼法》第四章“辩护与代理”之下，得出值班律师提供的法律帮助属于辩护范畴的结论，只是职能行使的范围较小。[3] 顾永忠教授还从国际文件和某些域外国家的法律用语对比中看出，法律帮助与辩护行为之间是难以割裂的。尽管论述的角度不同，学者们对于值班律师的定位问题始终保持了大体的一致性。

值班律师制度能否顺畅运行，其实主要取决于两个方面的因素。一者，立法规范维度上需要给予值班律师充分而必要的权利类型；二者，值班律师能够基于日常行为的合理输出而确保上述权利得以落实。而值班律师的定位问题直接影响了其享有的权利和工作的内容。学界在对值班律师辩护人地位达成共识之后，普遍呼吁通过立法明确赋予值班律师会见权和阅卷权，享有辩护人相应的诉讼权利，使得值班律师参与认罪认罚案件的形式规范化、具体化。尽管《刑事诉讼法》没有明确规定值班律师的权利范围，

---

① 谭世贵：《“刑事诉讼制度改革背景下值班律师制度的构建”研讨会综述》，载《中国司法》2017 年第 6 期。

② 杨波：《论认罪认罚案件中值班律师的功能定位》，载《浙江工商大学学报》2018 年第 3 期。

③ 参见汪海燕：《三重悖离：认罪认罚从宽程序中值班律师制度的困境》，载《法学杂志》2019 年第 12 期。

但在之后的多个规范性文件中都提及了值班律师享有阅卷权和会见权，只是限制了阅卷权的范围，均采取“查阅案卷材料”的表述，[①] 刻意有别于《刑事诉讼法》规定的辩护律师可以“查阅、摘抄、复制”案卷材料，很明显将值班律师阅卷权的行使范围限缩在仅可查阅，而不得“摘抄、复制”。有学者从立法论的角度阐述值班律师应当享有完整的阅卷权能，阅卷权并非辩护人独享，应当为值班律师提供实质性法律帮助提供“查阅、摘抄、复制”的完整阅卷便利。[②] 也有学者从解释论的角度，论证现有规范性文件与《法律援助法》第37条原意不符，该条文明确使用的是“阅卷”而非“查阅”。[③]

对于中国的刑事司法制度而言，不能把值班律师的适用仅限于认罪认罚案件，而要以健全值班律师制度来推动完善法律援助制度，从而更充分地保障犯罪嫌疑人、被告人的合法权益。值班律师制度在我国是新兴产物，学界尚无系统全面的研究成果。因此，本书意欲在现有成果的基础上，通过分析该制度的理论基础、功能定位等主要问题，构建完善而具有可操作性的中国式值班律师制度。

---

① 《认罪认罚指导意见》第12条第2款、《值班律师工作办法》第6条第3款等。

② 参见林艺芳：《刑事值班律师阅卷权研究》，载《河南财经政法大学学报》2021年第3期。

③ 参见贾志强：《回归法律规范：刑事值班律师制度适用问题再反思》，载《法学研究》2022年第1期。

0.3 研究思路与方法

0.3.1 研究思路

本书的研究思路围绕着值班律师制度在我国的产生和发展，厘清制度的理论争议并试图解决实践中的困境。

第1章是“值班律师制度的基本内涵”，阐释值班律师制度的基础概念。先从“值班律师”的概念入手，厘清值班律师与法律援助律师、值班律师与律师值班等相关概念的联系和区别。同时提炼出提供法律服务的公益性、介入案件的普遍性、提供法律服务的及时性、介入诉讼的有限性以及制度的衔接性等五个方面特征。最后围绕值班律师制度的价值做出评价，从制度功能的角度分析值班律师制度有着怎样的价值和作用，即平等保障被追诉人基本辩护权，强化被追诉人的程序主体地位以及彰显程序公正与诉讼效率。

第2章是“值班律师制度的中国探索”，思路是分析值班律师在我国产生的制度根源。这一章共包括三个组成部分。第一部分，值班律师制度的缘起，从我国辩护制度和法律援助制度的发展顺应到值班律师制度在中国的勃兴以及描述了我国律师制度的体系化构成。第二部分，立足于中国的本土化背景，笔者对值班律师制度的存在意义进行了深入评析。目前最重要的意义就是深化司法改革的配套性措施，在刑事辩护全覆盖和认罪认罚从宽制度中发挥着不可替代的作用。第三部分，总结了目前值班律师制度在我国运行所存在的弊病，如偏离了制度初衷、定位狭窄、工作效果不彰以及该制度本身的配套措施不足等，这些问题引领了之下章节对于功能权利和工作模式等问题的研究。

第3章是“值班律师的功能辨析”。这是从值班律师制度诞生以来，一直在学界和实务界不断争论的话题，也是值班律师制度最主要的理论困扰，即它到底是什么？“是什么”决定了它能“做什么”以及“怎么做”。对于值班律师的定位也产生了几种观点，目前学界是以辩护人定位为主流。本书认为，制度功能是角色定位的决定因素，而角色定位则是制度功能发挥的前提条件，这二者是辩证关系。我国当下大力推行繁简分流，简化诉讼程序，探索量刑协商机制，需要值班律师来行使传统辩护人的职能，从现实功能的发挥角度，也应当赋予其辩护人的地位。本书又立足刑事诉讼理论，从权利来源、价值基点、诉讼结构和诉讼阶段四个维度对值班律师的辩护人属性进行证成。最后提出值班律师制度的二重功能即基础功能与延伸功能。基础功能是以咨询为主的一般法律帮助，接近域外值班律师的工作样态，提供临时的、应急性的法律帮助；延伸功能主要在认罪案件中提供有效的法律帮助，行使的是辩护人的职能。同时，对值班律师与传统辩护人之间的衔接与转化做出阐述，不能人为割裂二者的关系，也不能以值班律师来取代法律援助律师的工作。

第4章讨论了值班律师的权利框架。总的来说，包含了会见权、阅卷权、量刑协商权、律师在场权以及出庭辩护权等五个方面。值班律师享有辩护人属性，也自然应当赋予其辩护人地位，但由于其与传统辩护律师在工作内容和方式上存在着很大的区别，且在工作中重心也大相径庭，故没有必要享有传统辩护律师的全部诉讼权利。承接上一章值班律师的功能辨析，我国值班律师担负了法律咨询为主的基础功能和有效辩护导向的延伸功能。从权利匹配功能的维度，基础功能的实现主要需要值班律师行使会见权和在场权两项基本权利，延伸功能的发挥则需要赋予值班律师更多的权利，包括与检察机关量刑协商的权利，以及进行量刑协商最重要的基础性工作——阅卷，最后，必要时候值班律师应该被允许出庭辩护，以切实保障被追诉人的诉讼权利和实体利益。律师在场权和必要的出庭辩护权目前在我国法律规定框架内是不存在的，本书认为这两项权利同样十分重要，在未来也有发展的空间，目前在我国个别地区已经开始探索。

第5章为值班律师的工作模式。这意味着在每种模式下值班律师应当从事哪些工作，以及如何实现相应的目标预期，均具有各自的特性。总的来说，值班律师的工作模式主要可以归结为三个方面的集合，即咨询、法律建议以及出庭辩护。由于值班律师所内嵌的临时性、及时性的工作特点明显区别于传统辩护律师，其基础职能则主要体现在对接受帮助主体的法律常识咨询，因而形成了开展日常工作的主要模式——咨询模式。而法律规范提及的程序选择建议与对案件处理提出意见，实质上都体现了法律建议的模式。而出庭辩护模式是作者于法律之上构建的新的服务模式，被限定于一定的场域范围，即以简易程序为主体。

第6章是值班律师制度的相关配套保障。首先，任何制度的运行都离不开人和经费，因此值班律师的来源和经费保障是第一道保护门，应当严格筛选值班律师，同时拓宽来源渠道，打造多元服务队伍。其次，完善相关主体的工作衔接机制，保障值班律师提供服务的便捷和有效。最后，要建立被告人辩护权的救济机制以及值班律师的质量考评机制，从法律和行政管理两个层面对值班律师的工作进行评价，激励和惩戒并重。唯有如此，值班律师制度才能最大限度发挥自身的预期功效。

0.3.2 研究方法

在本书的写作中，笔者综合运用了多种研究方法，力求论证的科学性、严谨性，保证自身观点具有说服力。具体而言，作者采用了文献分析法、规范分析法、比较法、实证研究等方法。

0.3.2.1 文献分析法

作者集中搜集了国内外有关值班律师制度的学术文献，从而熟稔于国内外目前的研究状况。囿于值班律师制度在国外鲜有学术争论，故而相关资料多集中于各国的值班律师手册，偏重于实践维度，但对于我国值班律师制度的构建与运行也极具参考价值。国内关于值班律师制度的期刊文献十分丰富，集中论述了值班律师制度的理论与实践问题，作者对其进行充分研究、归纳整理，以便寻找理想的切入点，同时避免研究陷入片面化窠臼。

0.3.2.2 规范分析法

值班律师制度作为我国刑事诉讼领域的新生事物，近几年各部门出台了一系列规范性文件，最终被立法机关纳入《刑事诉讼法》。作者全面分析了这个过程中，值班律师制度的制度内涵和职能发生的改变，以及各部门和立法机关借此传达的价值导向，综合对比分析，提出不足和未来立法方向。

0.3.2.3 比较法

作者微观分析了其他国家或地区对于此制度的法律规范及实践案例。系统梳理了域外值班律师产生的背景和制度初衷、职能权限和运行模式，进而与我国制度进行比较，找出该制度在域外和我国的异同。明确值班律师制度适用的制度土壤存在差异，再结合我国的特有国情，以明确值班律师制度在我国的功能定位，以及潜在的发展方向。

除了以上三种研究方法，作者也进行了小范围的实证研究。利用大数据平台，搜集相关试点单位的实证数据、访谈记录、调查问卷等定量定性指标，从而充实了研究论点，加强了全书的可信度。此外，笔者还通过全部相关资料的综合把握，对值班律师制度的现状及前景作出了客观而全面的评价及构建。

0.4 创新之处

本书的创新之处体现在三方面。

第一，选题创新。值班律师制度在我国是新兴事物，尚没有人以此题来做系统性的专门研究，明显缺乏体系化、全面化梳理和建构。本书系统梳理中外值班律师制度的发展轨迹和基本内涵，全面分析值班律师的基本理论，厘清争点，并试图做出建构。

第二，视角创新。我国值班律师制度在理论层面的研究尚有不足，很多学者是在部分角度或个别制度框架下进行探讨研究，作者从宏观体系的视角全面分析值班律师制度的应然和实然问题。

第三，观点创新。本书从值班律师的功能入手，分析值班律师的性质，在此基础上提出值班律师的二重功能。在值班律师的工作模式方面，创造性地提炼出三种模式，试图构建一套最大限度保护被追诉人辩护权的可行做法。

第1章　值班律师制度的基本内涵

就规范层面而言，值班律师这一称谓出现在法律文本的时间并不久远，甚至可以视之为新鲜事物。但是从理论维度入手，针对此一命题的探讨却已然有所积淀。在正式讨论一些争议性问题之前，我们有必要先对值班律师制度的基本内涵作相对系统的阐述。总的来说，可以先从作为一种身份的值班律师切入，进而将其所寄生的制度加以介绍，最终再归结于价值观的取向。

1.1 值班律师

既然本书的主体指向了值班律师制度，那么相对系统地把握这一法律身份，就不失为整体性论证的逻辑起点。因此，我们首先就需要回答"何为值班律师"的概念界定问题。

1.1.1 值班律师的概念

我国学界鲜有对值班律师作出明确的概念界定，而往往附随着值班律师制度一并予以评价。无需赘言，值班律师是值班律师制度的运行主体。《值班律师工作办法》第2条为值班律师做了明确的定义："本办法所称值班律师，是指法律援助机构在看守所、人民检察院、人民法院等场所设立法律援助工作站，通过派驻或安排的方式，为没有辩护人的犯罪嫌疑人、被告人提供法律帮助的律师。"2018年新修订的《刑事诉讼法》第36条则明确规定了值班律师的基本职能，即"为犯罪嫌疑人、被告人提供法律咨询、程序选择建议、申请变更强制措施、对案件处理提出意见等法律帮助。"从上述规范中，可以窥探值班律师在概念内涵上所包含的几项子内容：第一，值班律师的来源系法律援助机构委派，经济收入则受惠于国家补贴；第二，获得值班律师帮助的前提是犯罪嫌疑人、被告人既无委托辩护律师，也不符合获得法律援助律师的条件；第三，值班律师的工作模式是"定点式"，而非"随案式"，即驻守在看守所、法院等地为犯罪嫌疑人、被告人提供法律咨询。这种工作模式暗示了值班律师之职能区别于传统的委托辩护人和指定辩护人。换言之，值班律师所提供的法律帮助并非针对特定的被追诉人，且"从始至终"式地跟进某一起个案，而体现为面向广大被追诉人群体的一种福利性法律保障；第四，值班律师的职能范围限于法律咨询、程序选择建议、申请变更强制措施以及对案件处理提出意见方面，相较于《刑事诉讼法》第37条至第43条所规定的辩护律师——兼具实体和程序——的职能广度，值班律师则具有十分有限的权利内容；第五，从立法和规范性文件可知，值班律师的功能定位是法律帮助者，而并不是辩护人。对于“法律帮助者而非辩护人”这一立法定位本书是持反对立场的，对此将在后续文中予以详述。总体来说，在规范层面上，我国的值班律师是区别于被委托的辩护律师、指定辩护律师等传统辩护模式的新型法律帮助者。其活跃在刑事诉讼的各个阶段，且享有广阔的制度纵深。

相形之下，域外的值班律师是指由法律援助机构指派，在警察讯问、法庭审判等诉讼阶段免费为当事人提供及时法律咨询、指导或作为被指控人的代理人，帮助被指控人申请延期审理、进行保释听证或者处理其他法律事务的职业律师。值班律师是英国、加拿大、澳大利亚、新西兰和我国香港地区等法域中，法律援助制度所不可或缺的重要组成部分。[①] 不难看出，值班律师在域外发挥作用的程序阶段较为明显，即集中于侦查讯问和审判环节，例如在英国，值班律师（duty solicitor）分为警署值班律师与法庭值班律师两种形式，其职能围绕保障被追诉人合法诉讼权利和平等诉讼地位而展开。从世界范围看，大多数司法辖区提供值班律师，是为了保障被追诉人在法庭审理前能够获得最低限度的法律帮扶。[②]

---

① 郑自文、郭婕：《探索建立中国特色的法律援助值班律师制度》，载《中国司法》2006 年第 12 期。

② 【加】戴维·克里勒：《法律援助的跨法域研究》，载宫晓冰主编：《各国法律援助理论研究》，方正出版社 1999 年版，第 18 页。

1.1.2 值班律师与法律援助律师的关系

如前所述，值班律师在我国属于新出现的律师分类样态。故而，在这里有必要就其与刑事诉讼中传统的律师类型加以区分。众所周知，无论当事人自己委托的私人律师还是国家指派的法律援助律师，以往都是藉由与被追诉人签订委托合同来固定双方之间的责任关系。然而，值班律师向被追诉人提供法律帮助却无须通过上述签约形式。基于对值班律师的概念分析，不难发现其可归属于法律援助律师，最直观的佐证系各规范性文件中的称谓——“法律援助值班律师”。具体来说，在隶属机构方面，值班律师受法律援助机构的指派到固定场所提供法律服务，就与法律援助律师的派遣方式别无二致；而在性质方面，值班律师是法律援助律师精细化分类的衍生物，其本质仍然属于法律援助律师，只不过根据职能的特定性被冠以特殊称谓；在设置目的方面，二者皆源于社会福利层面的需求。

但是，值班律师与法律援助律师也有着显著的差异。这一点集中体现在我国法律援助对象的局限性与值班律师服务范围的广泛性上。原本仅限于《刑事诉讼法》规定的五类特殊群体的强制辩护以及依申请的酌定法律援助范围，而《法律援助法》的出台一定程度扩大了法律援助的范围，① 但相较于庞大的案件基数，仍然杯水车薪。此外，立

① 《法律援助法》第25条、第26条、第28条。

法对于酌定法律援助的申请显现了很大的不确定性和较长的周期性。这意味着绝大多数被追诉人在整个诉讼进程中可能处于无法律帮助的状态，特别不利于其权利保障以及公平审判权的实现。而值班律师的应运而生，正可以有限度地弥补法律援助范围狭窄的缺陷。值得注意的是，值班律师所面向的系全部没有律师帮助的犯罪嫌疑人、被告人。这无异于赋予了犯罪嫌疑人、被告人参与刑事诉讼关键环节的律师帮助权。尤其对于丧失人身自由而身陷囹圄的被追诉人来说，获得值班律师的有效帮助可视为雪中送炭一般的制度支持。因此，值班律师是法律援助体系专业化、精细化发展的产物，以满足不同层次的司法需求。

为此，我们还需要厘清“值班律师”和“律师值班”——这两个相似概念——所引起的某些认知混淆。律师值班是法律援助机构面向社会提供法律咨询和帮助的一种服务形式，受制于法律援助机构的日常工作行为规范。其常见的形式包括法律援助机构派遣律师到法律援助工作站，向当事人或其家属提供法律咨询、代写法律文书、转交法律援助申请、进行普法宣传、接待来访群众等，且涉及的案件类型不限于刑事，也包括民事、行政案件等。一言以蔽之，律师值班的意义更多体现在帮助当事人完成法律援助申请的桥梁作用，凸显了法律援助的便利性。而值班律师则依附于值班律师制度。其因这一制度而生，是为此制度功能之实现而新增的法律援助类型，服务范围具有针对性，即解决刑事诉讼领域被追诉人的法律帮助问题，并不具有法律专业类别上的普适性。同时，值班律师的职责与普通法律援助律师的职责亦大相径庭：前者不负责普法宣传、代写文书等基础法律援助工作，而偏重于刑事诉讼程序中的专业性咨询和建议。《全国刑事法律援助服务规范》中关于服务类型的规定如下："刑事法律援助服务类型包括：法律咨询、值班律师法律帮助、刑事辩护和刑事代理等。"这就十分明显地划分了一般刑事法律援助咨询与值班律师法律帮助的界限。区分值班律师与法律援助律师值班的内涵和功能，是架构值班律师制度的必要前提。

1.2 值班律师制度

毫无疑问，值班律师制度是孕育值班律师这一新型法律援助律师群体的摇篮。当我们能够对值班律师有一个相对清晰的认识，正确审视其所存续的制度平台就显得顺理成章起来。

1.2.1 值班律师制度的概念

有学者曾归纳：值班律师制度一般是指不区分经济状况和案件类型等条件，而一律由国家出资指派律师及时、便捷地为被追诉人提供免费法律咨询及其他相关专业帮助的法律援助制度。[1]中共中央办公厅、国务院办公厅印发的《关于完善法律援助制度的意见》，就对建立法律援助值班律师制度提出了明确要求，并以“实现法律咨询服务全覆盖”作为目标诉求。此外，同时期的速裁程序、认罪认罚从宽制度改革、刑事辩护全覆盖等举措所涉及的规范性文件中，均对值班律师提出了具体要求。这一方面促进了值班律师制度的跨越式发展，另一方面亦为此制度的有效运行创设了命题。归结起来，当下的值班律师制度发展适用于刑事诉讼全部阶段且覆盖全部类型之案件。这是国家完善法律援助体系，保障犯罪嫌疑人、被告人获得最低限度法律帮助的重要举措。

需要注意的是，当前我国的值班律师制度只针对刑事诉讼领域，而不包括其他专业领域。这与境外的部分例证存在着较大的差异，同时也蕴含了某种进步空间。譬如，我们常常说值班律师制度起源于英国、繁荣在加拿大。故加拿大值班律师体系全面而发达，不仅包含刑事值班律师，还包括民事值班律师、家事值班律师、仲裁值班律师等。其可谓深入法律的各个领域，并起着基础性的保障作用。其中，刑事值班律师根据各省资源和需求的不同，又细化为电话咨询律师、法院值班律师、非常设的延伸功能值班

① 杨波：《论认罪认罚案件中值班律师的功能定位》，载《浙江工商大学学报》2018年第3期。

律师。[1] 上述精细化、专业化的分类方法，无疑有利于诉诸更专业的法律建议和帮助，在一定程度上保障了律师服务的质量。上述例证直接体现了加拿大法律援助制度的完备，为我国在未来的努力和发展方向上提供启示。

1.2.2 值班律师制度的特征

值班律师制度作为法律援助体系的有机组成部分，承载着后者的普遍性职能和属性，同时又带有某些特征。这一点尤其体现在提供法律服务的公益性、介入案件的普遍性、提供法律服务的及时性、介入诉讼的有限性以及制度的衔接性五个方面。

第一，值班律师提供的法律服务具有公益性，即无偿性。由法律援助经费所拨付的律师费用，属于国家投入司法救济领域的义务性支出。

第二，介入案件的普遍性。一方面，针对服务对象而言，凡是进入刑事诉讼领域的被追诉人，在无辩护人的情况下都可以申请值班律师的帮助，无须审查被追诉人的经济条件；另一方面，针对案件类型而言，不论情节属性及严重程度，所有案件都在值班律师提供法律帮助的范畴之内。而在服务的对象和案件范围方面，值班律师制度体现出超越传统之法律援助制度的某种优越性。以往，被追诉

① 包括精神疾病法值班律师、诊所值班律师、特殊值班律师和咨询建议值班律师等。

人想要获得法律援助律师的帮助，一般需要填写法律援助申请表，并准备自身经济状况等方面的证明材料。在此之后，就只能等待法律援助机构的审查结果了。由于相当一部分的被追诉人及其家属知识水平较低，这类繁琐的流程便不同程度地降低了申请意愿。有学者通过调查曾得出论断：在2005—2009年间的所有刑事法律援助案件中，被追诉人申请的比例仅为11.4%~17.6%，而其中绝大多数还是指定法律援助的情形。[①] 可想而知，获得律师帮助的不便捷无疑是造成法律援助申请率低下的重要诱因之一。

第三，提供法律服务的及时性。一旦被追诉人申请值班律师的法律帮助，就应及时安排值班律师予以会见，这是该项制度的内核。其实，世界各国或地区长期以来都面临着同一司法难题：那就是处于羁押状态下的犯罪嫌疑人，出于心理上的孤立无援和强烈的紧张恐惧，很容易在侦查机关的强势压力下作出虚假或违背自愿性的意思表达。这也是造成虚假供述乃至冤假错案的主要原因。因此，在封闭的侦查活动中亟待律师的参与来打破这种逼仄感。通过疏导嫌疑人的焦虑情绪，并且解释法律和提出建议，足以确保其基于自身利益的考量来理性选择认罪与否。按照常人一般的心理状态，被追诉人肯定会希冀于在最短时间内得到律师帮助，进而摆脱司法追诉的束缚，对处在羁押中

① 顾永忠、杨剑炜：《我国刑事法律援助的实施现状与对策建议——基于2013年〈刑事诉讼法〉实施以来的考察与思考》，载《法学杂志》2015年第4期。

的个体而言尤甚。因此，英国的值班律师就被要求在接到侦查人员通知起的 45 分钟内，到达警察局会见犯罪嫌疑人，或者针对轻微案件立即提供电话咨询服务，以回应被羁押者的需求。对此，我国同样有着具体的规范依据。[①] 尽管相关内容不及英国的那般严格，但相较于值班律师制度出台之前（侦查机关向嫌疑人家属传达委托律师的要求，或者向法律援助机构提出法律援助申请所需要等待的漫长周期），已是难得的飞跃般的进步了。

第四，介入诉讼的有限性，即指值班律师区别于委托律师和法律援助指派律师所必须服务于的特定当事人及案件。从功能定位的角度，值班律师制度旨在提供给被追诉人临时性、及时性的法律帮助，其具有服务对象的不特定性和案件范围的广泛性特质。一方面，这会裨益于填补——被追诉人获得正式辩护之前的——法律帮助的空白地带；另一方面，其也给予了缺失辩护人的被追诉者一定限度的法律帮助，却又不会参与个案的程序进程中，而只能定位于某一诉讼阶段。这便是介入诉讼进程的有限性。而从职能角度出发，时下我国值班律师的职能尚以法律咨询为主，并在此基础上给予被追诉人程序选择、案件处理方

---

① 公安部办公厅、司法部办公厅《关于进一步加强和规范看守所法律援助值班律师工作的通知》就规定，看守所要及时通知值班律师提供法律帮助。犯罪嫌疑人、被告人向看守所申请值班律师法律帮助的，看守所应当在 24 小时内通知值班律师。值班律师收到看守所通知的，要立即提供法律帮助。通过电话或者网络值班的，要在接到看守所通知后的 24 小时内提供法律帮助，律师资源少或者交通不便利的地区可适当延长。

面的建议。《刑事诉讼法》并没有将值班律师与辩护人在专有权利上划完全的等号。部分权利的限制或许决定了值班律师不可能像辩护律师一样深入案件，并结合案件事实、证据综合分析而供给实质有效的意见。此即为介入诉讼案件深度的有限性。

第五，制度的衔接性。值班律师制度作为法律援助系统的组成部分，在当前律师资源有限、国家财政经费不足的大背景下，可弥补委托辩护和法律援助指定辩护覆盖范围之外的空白地带，与两者共同组成辩护范围的全覆盖，又与两者存在一定的衔接性。一种衔接情况是，当犯罪嫌疑人、被告人获得了正式的辩护，值班律师的服务即宣告结束，剩余工作交由辩护人来完成。另一种情况是，当被追诉人想委托值班律师作为辩护人或符合法律援助指派律师条件时，值班律师转成法律援助辩护律师或委托律师，以辩护人身份继续提供法律帮助。但是，值班律师转委托的行为可能会受到一定规制，以防止其在行使本职工作时意图拉拢案源。例如在新西兰，值班律师通常不能代理受帮助者的案件，除非在帮助当事人申请法律援助时，后者在申请材料中明确说明该值班律师是他或她合意的法律援助律师，法律援助署才有可能指派该值班律师作为案件的法律援助律师，尤其不允许值班律师向当事人开展自我推销。①

① 郑自文：《新西兰法律援助制度及其最新发展》，载《中国司法》2007年第7期。

1.3 值班律师制度的价值

在刑事司法领域，人权保障的重要价值并不亚于对犯罪的打击，且不单单是一句口号或一面旗帜而已。不容置喙，被追诉人作为刑事诉讼进程中的一方主体，在强大的国家机器面前始终处于弱小的地位，缺乏防御能力。显然，控辩两造完全平等的对抗是一种对诉讼格局的美好愿景。对此，各国都在努力加强人权的建设。这一方面体现在宪法的原则性规定中，而另一方面则落实在具体部门法的制度设计上。刑事诉讼对于保障人权的要求，本质上是“保障无罪的人不受刑事追究和保护有罪被告人的合法权益”以及“保障犯罪嫌疑人及其他诉讼参与人在诉讼过程中受到公正对待。”① 每一个社会成员都是“潜在的”被追诉人，保障被追诉人的基本权利一定意义上也是保障其他个人的基本权利。因此，值班律师制度在保障被追诉人基本权利和兼顾诉讼效率两个维度上，均体现不可或缺的重要价值。

1.3.1 平等保障被追诉人辩护权

1.3.1.1 显著提高法律援助覆盖率

保障犯罪嫌疑人、被告人辩护权是一项国际司法准则，

① 李心鉴：《刑事诉讼构造论》，中国政法大学出版社1992年版。

而平等保护被追诉人的辩护权则是现代司法所提倡的程序正义理念的应有之义。辩护权不再是富人阶层的特权，也不应是穷人的“奢侈品”。司法公正犹如自然之光普照万物，不应当建立在个人经济基础之上加以区别对待。在一些国家，贫困者的辩护权已经上升到宪法高度，作为宪法权利存续。国际法律文件更是将保障贫困者辩护权归属于国家责任。[①] 在各国大力发展法律援助事业的过程中，总是不可避免地会碰到如下困境：法律援助成本与援助范围之间的张力过大。这对紧张矛盾导致了这样一种现象：富人阶层用自己的剩余财富来购买高质量的法律服务，而相对贫困的社会群体享受国家提供的免费法律救助。于是，徘徊在低收入基准线附近的人们既无力消费昂贵的法律服务又申请不到国家免费的法律援助，加之往往自身知识水平偏低，缺乏法律知识和专业判断，在刑事诉讼程序中不免处处受制。不懂得如何行使的权利就是一纸空文，根本就无以为继。可以看出，这是一种橄榄球型的律师资源分配模式：律师资源从两个尖端向圆滚滚的中间蔓延。这显然是一个困难的历程，因为每前进一步，资源便呈几何倍数消耗。故此，就需要国家财政力量的雄厚保障和律师队伍的持续壮大来予以支撑，但却又往往面临着国家资源的长期有限性和社会群体大量司法需求的紧迫性现状。

① 例如，2013 年《联合国关于在刑事司法系统中获得法律援助机会的原则和准则》第 15 条就规定，国家应当把提供法律援助视为其义务和责任。国家应当为法律援助制度调拨必要的人力和财政资源。

值班律师制度体现出调和二者关系的制度价值。一方面，值班律师制度可以向那些不符合法律援助标准的低收入群体，提供有限但有效的法律帮助，以弥补法律援助范围的狭窄；另一方面，值班律师制度所需要的经费较之于法律援助指派律师的费用大为缩减，裨益于缓解财政压力。

1.3.1.2 弥补侦查阶段法律帮助的缺失

现在，我们不妨借由中国的结构主义语境，即从侦查、起诉和审判诉讼三个阶段，来大致归纳被追诉人的权利保障状况。总体来说，各国大都在后两个阶段呈现了较好的保障效果（尽管域外并不以此框架作为程序特质）；而侦查阶段的保障力度却不免较弱。这是由两方面因素所决定的：客观上，嫌疑人从被带到警局采取强制措施起，便与外界环境被人为隔离开。无论委托辩护人抑或是申请法律援助指派律师帮助，都需要宽裕的时间来完成传达和落实等工作。在建立强制讯问时律师在场权的国家，如俄罗斯、奥地利等，一般会严格遵守律师在场并提供私密谈话的规定，等到律师到位再进行讯问活动，嫌疑人的权利就有相当的保障。而对于那些没有建立强制讯问时律师在场权的国家，则很可能在嫌疑人没有确定委托或指定辩护人之前就开始讯问活动，由警方主导的封闭式讯问却很难保证嫌疑人供述的自愿性。缺乏自愿性的后果是什么呢？据美国无辜者计划统计，20 世纪 90 年代以来，美国政府在用 DNA 技术平反的 375 件错案中，29%的错误定罪来自虚假供述，这背后主要原因是警察的非法讯问。[①] 主观方面，侦查人员并不希望律师过早介入影响侦查效率，尤其担心后者会建议嫌疑人行使沉默权或不配合警察侦查，所以他们怠于告知嫌疑人各项——包括寻求法律帮助——诉讼权利。待到口供等言词证据收集完毕之后，再予以告知权利，进而安排律师会见。此时证据业已固定，甚至奠定了审判的结果走向，而律师介入后的防御空间也相应变得狭小了。综合上述主客观两方面因素，其实全球范围内侦查期间的辩护活动都可以用如履薄冰来形容，进而造成嫌疑人得不到及时的法律帮助。

相形之下，值班律师制度则着重在人权保障的薄弱环节发力，以强化侦查阶段的律师帮助权。英国自1984年《警察和刑事证据法》（PACE）生效以来，警局被拘留者立即获得法律咨询的权利被视为正当程序权利。PACE规定："在警察局被捕并被拘留的人……如果他提出要求，有权随时私下咨询律师。"由此，开创了"全国24小时值班律师计划"来无条件保障嫌疑人行使这一权利。免费又及时的法律咨询无疑促成了越来越多的嫌疑人，能够在警察拘留期间请求值班律师帮助。据统计，相关的咨询率从20

① 相关数据参见DNA Exonerations in the United States（1989－2020）－Innocence Project，2023年4月20日最后访问。无辜者计划（Innocence Project）是一个通过诉讼或者推动公共政策制定，利用DNA检测帮助被错误定罪者脱罪并通过改革刑事司法体系预防司法不公的全国性组织。

世纪 70 年代约 5.6%上升到 2007 年 48%。[①] 而在侦查阶段，越来越多的嫌疑人有条件得到专业的法律帮助，以帮助他们来明智地应对诉讼程序。1998 年英国《人权法》将欧洲人权法院的公平审判权（第 6 条）纳入英国法律，第 6 条的相关性延伸到警察拘留阶段，进一步加强了嫌疑人获得法律咨询的权利。[②]总之，侦查阶段嫌疑人的法律帮助权是实现公平审判权的基础。为了保证每一个被追诉人得到公正审判，值班律师制度在侦查阶段无疑提供了强有力的支持。

1.3.2 强化被追诉人的程序主体地位

1.3.2.1 从“浅层参与”到“深度参与”

从诉讼主体论的角度出发，被追诉人作为一方程序主体，自然要亲历法庭审理的全过程，并基于自由意志积极参与诉讼，行使自身的辩护权利。然而，大部分被追诉人都文化水平偏低、法律知识浅薄，导致在诉讼程序中常常处于消极的被动地位，实际上沦为诉讼客体。“参与”诉讼毋宁说是“参加”诉讼，即只停留在形式上的“浅层参

---

① 李·斯金斯：《我是一个被拘留者，让我离开这里》，L. Skinns，“I'm a detainee get me out of here”：Pre-dictors of Access to Custodial Legal advice in Public and Privatized Police Custody Areas，British Journal of Criminology（2009）.

② 第 6 条第（3）款（c）项，其中规定，每个人都被控犯有刑事罪，［有权利］亲自或通过自己选择的法律援助，或者如果他没有足够的手段为自己辩护支付法律援助，当正义的利益需要时，可以免费获得。

与”。相对理想的状态下，被追诉人主要依靠律师来行使辩护权利，而鲜有自主性辩护的色彩。而在没有律师帮助的案件里，被追诉人的权利几乎难以得到有效行使。一种典型情形是：在审前阶段，嫌疑人的本能性否认和回避并非有逻辑的辩护策略，反而会激起司法办案人员更强烈的反噬心理，导致一种更为僵化对立的局面。由此，嫌疑人可能会丧失某些程序利益。或者，出于双方力量的悬殊和嫌疑人的弱势地位，嫌疑人往往被迫选择配合侦查起诉活动，导致大量权利要么被放弃、要么被忽略，根本毫无防御能力可言。另一种情形是，在审判活动中，往往被告人的发言仅限于回答公诉人和法官的问题，鲜有人能够在举证、质证环节就证据问题提出有价值的意见，所谓“有效辩护”根本无法实现，程序正义亦不值一哂。

值班律师制度一定程度上会提升被追诉人的防御能力。值班律师通过向被追诉人解释法律、告知权利、提供专业建议，令其明晰犯罪的严重程度和结果预期，以及自身所拥有的权利。基于此，在诉讼活动中嫌疑人能够在明知、明智状态下支配自己的权利和行为。虽然值班律师一般不提供出庭服务，但根据值班律师在开庭前给出的专业建议和分析，被告人在庭审中能够有意识地针对证据薄弱的地方，或者有利于从轻减轻处罚的情节角度作自我辩护。同时，积极参与庭审的各个环节，发表辩护意见，通过自我辩护来积极影响法官心证和最终裁判结果，达到或趋近有效辩护的标准。可以说，值班律师制度法律帮助的有限性恰恰培育了被追诉人的自主辩护能力，被追诉人从过去的浅层参与转变为深度参与，真正体现作为程序主体在诉讼活动中的作用和价值。

1.3.2.2 从“被动辩护”到“主动辩护”

在权利的行使方面，处于羁押状态中的被追诉人往往会无助、被动。在某些国家，嫌疑人在会见律师之前通常行使沉默权来进行防御，直到律师介入后，才将辩护权交由律师行使。被追诉人的自我辩护则围绕着配合律师的要求，包括辩护的思路和主张，是一种典型的被动型辩护。在侦查初期，除了拥有长期私人律师服务的富人阶层外，大多数的被追诉人需要时间通知其家属代为委托律师或申请法律援助律师。而在律师到位之前，除了严格执行讯问时律师在场制度的国家，大多数情况下侦查讯问活动已经开始。于是，出于本能的防御性，被动辩护属于常态现象，嫌疑人的诉讼权利根本得不到有效维系。而值班律师制度的价值正体现在提供法律咨询和服务的及时性和无偿性。任何犯罪嫌疑人无须经过审查都可以申请值班律师的即时帮助，且侦查机关有义务保证嫌疑人与值班律师交谈的私密性。因此，嫌疑人能够在警察开始正式讯问之前理清思路，根据值班律师的专业建议自主选择辩护方向，避免因对法律和权利的无知减损自身利益。这是警局值班律师的重要价值。法庭值班律师则在帮助被告人进行主动辩护方面的作用更加明显。对于没有辩护人的轻罪案件，英国、加拿大、澳大利亚和新西兰皆在首次开庭日当天提供法庭值班律师服务，就庭审中的注意事项以及被告人的法律咨询作出解答，以便被告人更从容地参与审判活动，进行主动辩护。

在行使权利的启动方面，以会见权为例，我国《刑事诉讼法》将会见权定位为律师会见权的做法，实际上忽略了被追诉人是权利的来源，并具有同样的权利主张。在实践中也是如此。律师自主选择时间预约会见和会见的次数，会见中的谈话也由其主导。反观被追诉人则处于被动的等待和角色配合的状态，没有会见权的“启动纽”，难以体现作为辩护权来源的主体地位。[①] 值班律师制度在我国现有辩护制度下，开拓性地赋予了犯罪嫌疑人主动行使会见权的应然内涵。没有辩护帮助的嫌疑人依然可以根据需要，随时提出值班律师帮助的申请，看守所应配合安排后者及时与之会见，提供法律建议。这显然会有助于嫌疑人行使自主性的辩护权利，化“被动辩护”为“主动辩护”。

1.3.3 彰显程序公正与诉讼效率

公正与效率是刑事诉讼的两大价值追求，却常常被视作无法兼顾、此消彼长的关系。各国在诉讼程序和制度的设计中都力求达到两者的平衡状态，力求实现符合司法规

① 参见陈瑞华：《论被告人的自主性辩护权——以“被告人会见权”为切入的分析》，载《法学家》2013 年第 6 期。

律的良善之法。

1.3.3.1 程序公正

程序公正是刑事诉讼的生命线，也是正义底线。某种程度上，违背了程序正义即等同于实体正义的沦丧。保障被追诉人获得律师帮助权是程序正义的根本，盖因公权力的强大和双方实力地位的悬殊。追诉机关一方面占有高度专业的法律知识背景，另一方面则背靠国家财政支持；而被追诉人往往身单力薄，唯有寻求律师的有效帮助来与公权力抗衡。因此，“控辩双方平等武装是刑事司法抗辩制的基石之一，而律师代理（或法律代理）与法律援助的权利则被认为是确保对抗平等的必要条件。”① 囿于各国法律援助经费以及律师资源的有限，大多难以企及覆盖百分之百刑事案件的程度。值班律师制度的出台在覆盖范围上，能够与传统法律援助制度形成互补。达不到申请法律援助律师标准的被追诉人，能够在诉讼全程根据需要获得值班律师的有效帮助。在域外，多元化法律援助类型基本上保证了重罪案件的全程辩护和轻罪案件的及时法律帮助，形式上达到了程序正义的要求。尤其是在封闭的侦查阶段，嫌疑人亟待专业律师提供帮助以应对侦查人员的各种施压行为。毕竟，侦查阶段权利保障的不足，会造成后续投入大量辩护工作都无法弥补的正义损耗。值班律师制度以其提

---

① 【英】麦高伟、杰弗里·威尔逊：《英国刑事司法程序》，姚永吉等译，法律出版社2003年版，第126页。

供服务的迅速、无偿和普适性，填补了侦查早期的权利空白，消除了被追诉人在权利保障上“最初一公里”的时间、空间障碍。

值班律师制度在促进程序公正方面的价值，还体现在辅助监督侦查权力的运行，防止其恣意侵犯嫌疑人的合法权利。在英国，对嫌疑人的讯问须有律师在场，没有委托律师的嫌疑人将由值班律师在场提供法律帮助。《1984 年警察与刑事证据法执行细则 C》中更是明确规定允许律师在讯问过程中澄清、打断不当提问和建议当事人不回答特定问题。值班律师制度被大量适用在警察讯问阶段，倒逼警察规范讯问行为，完善讯问提纲，提高讯问技巧而非使用威胁、恐吓等心理强制方法，起到监督侦查权运行的目的。法国在建立讯问律师在场权之后，也调用大量值班律师来配合制度运行。尽管大部分值班律师并非专业刑事律师，但在规范侦查人员行为方面仍然起到了监督作用。

1.3.3.2 诉讼效率

从经济学的角度评价一项制度的优劣，主要考虑投入和效益；而从刑事诉讼总体的价值目标角度考虑，公平与效率则是一体两面之关系，不可分割，此消彼长。所谓诉讼效率，顾名思义，即一定的司法资源投入获取尽可能多的诉讼收益。相较于体现价值理性的诉讼公正之不可计量和不确定性，效率价值则具有工具理性的可比性特质。总的来说，值班律师制度的效率价值十分突出，主要体现在以下两方面：

第一，基于控辩平等和人权保障理念，要第一时间赋予犯罪嫌疑人法律帮助权，以对抗侦查机关的侦查行为。而且，国家有义务提供给犯罪嫌疑人必要的条件和帮助。值班律师制度要么因其工作地点的固定，即在警局、看守所等地，或者有条件提供即时的电话咨询服务；要么则因服务对象的广泛性，无须任何形式的审查，足以让嫌疑人根据自身需要及时获得帮助，较之传统委托律师和申请法律援助的流程所需耗费的时长，值班律师制度的效率优势得以体现。

第二，由于值班律师出现在被追诉人需要法律帮助的各个关键节点，有利于犯罪嫌疑人、被告人在充分理解法律和权利的基础上，明智地作出程序选择、处分自身权利。同时，对案件的结果有较清晰地判断和预期，裨益于增加对裁判结果的接受程度，提高司法公信力。在过去的实践中，就不乏当事人在庭审中当场反悔，声称相关诉讼权利没有被告知，或者受到侦查人员的诱导甚至刑讯逼供，提出非法证据排除的请求，最终导致程序回流，影响诉讼效率。

值班律师制度的运行能够在如上两方面作出改善，在保证当事人诉讼权利的同时，体现提高诉讼效率的客观功能，是符合现代司法价值追求的制度设计。

第2章　值班律师制度的中国探索

值班律师制度以其服务的公益性、普遍性和及时性，纾解了法律援助制度资源有限的瓶颈。就诉讼主体的角度而言，此制度扩大了受帮助群体的基数，能帮助被追诉人更好地实现自我辩护，强化被追诉人诉讼程序的主体地位。从程序构造的角度而言，值班律师制度无疑有利于完善侦查程序、发展辩护制度，以及平衡司法的公平与效率。这样一种制度形态能够落地生根，与我国辩护制度的长期发展是密不可分的，也是辩护制度发展到一定阶段的精密化产物。而从我国当下的司法改革现状来说，值班律师制度又恰如其分地充当了很多改革措施的保障性力量，同样发挥着重要的基础功能。同时，作为一项新生法律事物，值班律师制度在我国的运行不可避免会产生一些需要解决的问题。

2.1 我国值班律师制度的缘起

意欲深刻理解我国值班律师制度的缘起，及其所处的环境与定位，势必绕不开我国律师辩护制度发展的大背景。这无异于水与源、根与土的关系。

2.1.1 我国辩护制度之变迁

伴随着社会经济的腾飞，我国对律师行业的定位几经重新认识和勘正。尤其是诉讼当事人的程序主体地位愈发凸显，对于辩护权的需求就日渐清晰。辩护制度亦跟随文明法治的趋向不断进步，朝着更保障被追诉人和辩护人权益的方向发展。其进程可以围绕着《刑事诉讼法》的修改以及司法改革的节点来加以窥探。

1979 年制定的《刑事诉讼法》，着力强调了实体真实主义，主张刑事审判必须实事求是，其规定“被告人有权获得辩护，人民法院有义务保证被告人获得辩护。”但是，其对于辩护一章的规定却很粗糙。譬如，辩护权的受保障力度就十分薄弱，被告人只有在开庭 7 日前才能委托辩护人。

后来的两次重要修法则推进了辩护制度的发展。1996 年《刑事诉讼法》在辩护制度上迈出了一大步，有力强化了权利保障。一方面，将犯罪嫌疑人聘请律师的时间提前到自案件移送审查起诉之日起，对比 1979 年立法彰显了巨大的进步。另一方面，明确自审查起诉阶段起辩护人的辩护权利，比如阅卷权、会见权、通信权、调查取证权等。[①] 但在实践中，律师行使权利却非常困难，根深蒂固的侦查中心主义思想仍旧支配着司法办案工作。于是，在 2012 年再修《刑事诉讼法》时，则进一步强化了相关辩护权利的行使，尽可能地增强律师权利行使的自由度。根据 2012 年《刑事诉讼法》，大部分案件中律师不必经侦查机关的许可即可会见犯罪嫌疑人、被告人，一定程度上缓解了律师权利履行的困难局面。[②] 同时，还扩大了审查起诉阶段辩护律师查阅案卷的范围，即从“诉讼文书、技术性鉴定材料”扩大到“全部案卷材料”。据此，阅卷权的发展从时间和空间两个维度上增强了辩护力量。而最重要的立法进步是明确赋予了律师在侦查阶段的辩护人地位，同时将犯罪嫌疑人聘请律师的时间提前至“侦查机关第一次讯问或

---

① 1996 年《刑事诉讼法》第 36 条规定：“辩护律师自人民检察院对案件审查起诉之日起，可以查阅、摘抄、复制本案的诉讼文书、技术性鉴定材料，可以同在押的犯罪嫌疑人会见和通信。其他辩护人经人民检察院许可，也可以查阅、摘抄、复制上述材料，同在押的犯罪嫌疑人会见和通信。辩护律师自人民法院受理案件之日起，可以查阅、摘抄、复制本案所指控的犯罪事实的材料，可以同在押的被告人会见和通信。其他辩护人经人民法院许可，也可以查阅、摘抄、复制上述材料，同在押的被告人会见和通信。”

② 2012 年《刑事诉讼法》第 37 条第 1、2、3 款规定：“辩护律师可以同在押的犯罪嫌疑人、被告人会见和通信。其他辩护人经人民法院、人民检察院许可，也可以同在押的犯罪嫌疑人、被告人会见和通信。辩护律师持律师执业证书、律师事务所证明和委托书或者法律援助公函要求会见在押的犯罪嫌疑人、被告人的，看守所应当及时安排会见，至迟不得超过四十八小时。危害国家安全犯罪、恐怖活动犯罪、特别重大贿赂犯罪案件，在侦查期间辩护律师会见在押的犯罪嫌疑人，应当经侦查机关许可。上述案件，侦查机关应当事先通知看守所。”

采取强制措施之日起”。

党的十八届四中全会以来，我国推行“以审判为中心”的刑事诉讼制度改革，意图重塑三机关的职能关系，构建更合理的诉讼构造，破除积弊已久的侦查中心主义传统。而在改革的过程中，辩护制度同样得到了改革决策者的重视。先后实行的值班律师、刑事案件律师辩护全覆盖试点工作，保证了所有犯罪嫌疑人、被告人在诉讼全过程能够享有律师帮助。辩护制度在新时期进一步得到完善。经过四十年法治的发展，人们尤其认识到辩护制度对于保障人权、公正司法的重大意义。一方面，不再将犯罪嫌疑人、被告人视为罪犯、被打击的对象，而是转变为诉讼主体、当事人，相关的诉讼权利必须得到保障；另一方面，经过长期的正当程序价值之渗透，三大职权机关逐步转变单一追求客观真实的理念，规范侦查权力，支持辩护工作。而随着刑事诉讼围绕审判中心展开等观念的深入人心，也为辩护制度的发展提供了良好的外部环境。在这样一种大背景下，值班律师才能有持续成长的制度空间。毋庸置疑，辩护制度在所有人心目中已然是司法文明进步的重要标尺，是一国国家民主、法治、科学、文明最重要的标志和符号。[①]

---

① 祁建建：《“刑事辩护制度四十年的发展、不足与展望”研讨会综述》，载《中国司法》2019年第7期。

2.1.2 我国法律援助制度的立法沿革

法律援助制度是辩护制度的重要组成部分，而值班律师制度又是法律援助制度的重要成分。值班律师制度本质上是由国家购买法律服务，以提供给需要帮助的诉讼当事人，是国家法律援助的一种特定表现形式，也是法律援助制度发展繁荣、精细化、专业化的一大见证。

2.1.2.1 法律援助制度的立法脉络

法律援助是指国家为了保障公民各项诉讼权利，对需要法律救济但经济困难的当事人，或者特殊案件中的当事人提供免费的法律服务。法律援助制度起源于工业时代的英国，15 世纪末《亨利七世法》记载，"根据正义原则任命律师，律师同样为穷苦的人服务。"① 这是最早记载法律援助制度雏形的史料。此后经过几百年的发展，法律援助责任经历了慈善事业、社会化阶段（社会慈善到国家责任的转型）、国家福利（完全的国家责任）三个阶段，其不再是富人阶层对穷人的施舍，而是现代国家提供给公民的社会福利的一部分，是法治国家的制度体现。法律援助制度不仅被大多数国家所采纳，其内涵也不断丰富，从刑事领域扩展到民事、行政法领域，受助群体的范围也呈不断扩大之趋势，演变为一种惠民型社会福利。可以说，法律

---

① 谢佑平：《公证与律师制度》，中国政法大学出版社 1999 年版，第 409 页。

援助制度是社会的稳定器。在缓和社会阶级矛盾，维护社会公平、保障公民权利等不同维度均发挥不可替代的作用。

刑事法律援助旨在确保每一位受到刑事追诉的个人都能通过正当程序获得公正的审判。我国的刑事法律援助制度始于20世纪90年代，主要由《刑事诉讼法》及其相关司法解释予以规定。1996年修正后的《刑事诉讼法》以及1996年通过的《律师法》初步确立了我国法律援助的制度框架。其中，1996年《刑事诉讼法》第34条规定，对于特定情形的被告人，人民法院应当指定承担法律援助义务的律师为其提供辩护。随后，第八届全国人民代表大会常务委员会第十九次会议于1996年5月15日通过《律师法》。《律师法》第42条强调了提供法律援助要保证质量，维护受援助者权益。[①] 一般认为，这些条款是我国早期法律援助制度的法律渊源。

具体来说，1996年《刑事诉讼法》首次对刑事法律援助的范围作出了规定。[②] 由此，确立了“因经济困难可以指定法律援助”与“法定情形应当指定法律援助”的两类基本框架。2012年《刑事诉讼法》对刑事法律援助进行了

---

① 该法第42条规定：“律师必须按照国家规定承担法律援助义务，尽职尽责，为受援人提供法律服务。”

② 该法第34条规定：“公诉人出庭公诉的案件，被告人因经济困难或者其他原因没有委托辩护人的，人民法院可以指定承担法律援助义务的律师为其提供辩护。被告人是盲、聋、哑或者未成年人而没有委托辩护人的，人民法院应当指定承担法律援助义务的律师为其提供辩护。被告人可能被判处死刑而没有委托辩护人的，人民法院应当指定承担法律援助义务的律师为其提供辩护。”

较大幅度的改进，其中明显贯彻了人权保障的思想。这主要体现在如下方面：第一，取消了只有公诉案件被告人因经济困难或者其他原因没有委托辩护人时，才能获得法律援助的限制，自此不再区分案件性质。第二，大幅度扩大了应当予以法律援助的范围，将之前的“因经济困难或者其他原因没有委托辩护人的”可以指派律师提供辩护，改变为符合法律援助条件即应指派律师提供辩护，并将犯罪嫌疑人、被告人是尚未完全丧失辨认，或者控制自己行为能力的精神病人，或可能被判处无期徒刑的增加为应当提供法律援助的情形。第三，区分了依申请和依通知的法律援助形态。[①] 被追诉人因经济困难等属于依申请的情形，其他则属于三机关主动通知法律援助机构提供法律援助的情形。第四，进一步提前了法律援助适用的阶段，将刑事法律援助由之前的在审判阶段予以提供，前置到侦查阶段。第五，明确规定法律援助应当由法律援助机构统一指派。

---

① 该法第 34 条规定：“犯罪嫌疑人、被告人因经济困难或者其他原因没有委托辩护人的，本人及其近亲属可以向法律援助机构提出申请。对符合法律援助条件的，法律援助机构应当指派律师为其提供辩护。犯罪嫌疑人、被告人是盲、聋、哑人，或者是尚未完全丧失辨认或者控制自己行为能力的精神病人，没有委托辩护人的，人民法院、人民检察院和公安机关应当通知法律援助机构指派律师为其提供辩护。犯罪嫌疑人、被告人可能被判处无期徒刑、死刑，没有委托辩护人的，人民法院、人民检察院和公安机关应当通知法律援助机构指派律师为其提供辩护。”第 267 条规定：“未成年犯罪嫌疑人、被告人没有委托辩护人的，人民法院、人民检察院、公安机关应当通知法律援助机构指派律师为其提供辩护。”

第六，增加了强制医疗法律帮助。[①] 此外，2012 年公布的《最高人民法院关于适用〈中华人民共和国刑事诉讼法〉的解释》在第 42—46 条就应当提供法律援助和可以提供法律援助的案件范围，需要履行的手续和材料准备，被告人拒绝援助律师辩护时的情况等细节处理作了具体规定。

2013 年 2 月 4 日，最高人民法院、最高人民检察院、公安部、司法部印发《关于刑事诉讼法律援助工作的规定》，对刑事法律援助工作进一步予以加强和规范。2015 年 6 月 29 日，中共中央办公厅、国务院办公厅印发了《关于完善法律援助制度的意见》，提出加强刑事法律援助工作，畅通刑事法律援助申请渠道，建立法律援助值班律师制度，法律援助机构在法院、看守所派驻法律援助值班律师等。为了配合认罪认罚从宽制度试点改革，2017 年 8 月 8 日，"两高三部"发布了《值班律师工作意见》，强调要充分发挥法律援助值班律师在以审判为中心的刑事诉讼制度改革和认罪认罚从宽制度改革试点中的职能作用。2017 年 10 月 9 日，最高人民法院、司法部发布了《全覆盖工作办法》，其中也强调了值班律师对于辩护全覆盖的重要作用。此办法对于充分发挥律师在刑事案件中的辩护职能作用，维护司法公正，彰显我国社会主义法治文明进步具有

---

① 该法第 286 条第 2 款规定："人民法院审理强制医疗案件，应当通知被申请人或者被告人的法定代理人到场。被申请人或者被告人没有委托诉讼代理人的，人民法院应当通知法律援助机构指派律师为其提供法律帮助。"

重大历史意义。而 2018 年的《刑事诉讼法》修改，则吸收了前期试点的成功经验，将值班律师制度吸纳成为明确的法律规范，[①] 从立法层面丰富了法律援助体系。2020 年 8 月 20 日，“两高三部”联合出台了《值班律师工作办法》，系统规定了值班律师的工作职责、工作程序和工作保障。

2021 年 8 月，《法律援助法》经全国人大常委会审议通过，标志着刑事法律援助立法迈上了新的台阶。《法律援助法》完善了公共法服务体系，填补了我国一直以来没有专门法律援助立法的空白。《法律援助法》对法律援助的概念和原则、程序和实施、保障和监督等作出了系统性、立体化的规范。在刑事法律援助领域，《法律援助法》扩大了援助的范围，规定了死刑复核案件的被告人可以申请法律援助；适用普通程序审理的案件，人民法院“可以”指派法律援助律师提供辩护；将强制医疗纳入指定辩护的范围等。[②] 一系列新规尽可能兼顾实际部门的办案压力和人权保障的终极目标，争取公共服务效益最大化。

2.1.2.2 法律援助制度的实践困局

概括来说，我国法律援助制度产生并持续发展的二十

---

① 2018 年《刑事诉讼法》修改后，增加一条，作为第 36 条，其第 1 款规定：“法律援助机构可以在人民法院、看守所等场所派驻值班律师。犯罪嫌疑人、被告人没有委托辩护人，法律援助机构没有指派律师为其提供辩护的，由值班律师为犯罪嫌疑人、被告人提供法律咨询、程序选择建议、申请变更强制措施、对案件处理提出意见等法律帮助。”

② 《法律援助法》第 25 条、第 26 条、第 28 条。

多年以来，立法层面取得了很大进步，当事人诉讼权益的保障则在时间、空间两个维度都得到了深化和扩展。然而，不足却也是显著突出的，主要体现在“量”与“质”的双重紧张上。“量”的方面是指法律援助资源的有限性问题。一方面，受援对象范围狭窄。尽管《法律援助法》再次扩大了法律援助的对象，将普通程序审理的刑事案件和强制医疗案件纳入法律援助的范围，但囿于普通程序刑事案件的比例之大，[①] 法律仅规定“可以”而非“应当”指派，实践中能有多少此类案件申请得到指定辩护还缺乏数据支持。尽管法律援助的对象范围在不断扩大，《刑事诉讼法》规定了五类受援对象，但五类案件总和占全部刑事案件的比例尚不足13%。[②] 除了这五类受援对象和《法律援助法》新增加的强制医疗案件属于强制辩护情形外，法律援助的另一部分对象则集中在2012年《刑事诉讼法》规定的所谓符合“经济困难”而应指定辩护的群体类型。令人遗憾的是，这部分经济困难之情状只占不到7%的份额。[③] 究其原因，关于“经济困难”标准的认定，《法律援助条例》和

① 根据最高检的数据，2019年至2020年8月，认罪认罚从宽案件适用速裁程序审理的占27.6%，适用简易程序审理的占49.4%，即此类案件仍有23%适用了普通程序审理，若再加上不认罪案件适用普通程序审理，则刑事案件适用普通程序审理占比确实不低。参见潘金贵：《刑事法律援助制度的发展与完善——兼评〈法律援助法〉相关条文》，载《法学杂志》2022年第2期。

② 参见陈永生：《刑事法律援助的中国问题与域外经验》，载《比较法研究》2014年第1期。

③ 同上。

《关于刑事诉讼法律援助工作的规定》均模糊化地指定，由各地方人民政府参照本行政区域的经济发展水平而定。大部分省市按照最低生活保障和低收入家庭的标准来衡量是否属于“经济困难”，例如《北京市法律援助条例》第10条规定，“公民申请法律援助的经济困难条件，按照国家和本市低收入家庭认定标准执行。”而北京市低收入家庭的认定标准是“未纳入低保的本市户籍居民组成的家庭，共同生活的家庭成员月人均收入低于最低工资标准，应急之用的人均货币财产总额不超过上年度本市城镇居民人均消费支出的1.5倍且实物财产符合低保认定条件的”，[①] 2021年北京市城乡低收入家庭认定标准是2320元/月，[②] 也就是说，北京家庭人均月收入在2320元以下，才可能有资格申请免费的国家法律援助，而2021年北京城镇非私营单位在岗职工平均工资为201 504元/年。[③] 再来看一组数据，北京市刑事案件收费标准：

---

① 《北京市最低生活保障和低收入家庭救助审核确认办法》第7条。

② 参见2021年北京市城乡低收入家庭认定标准_政民互动_北京市民政局（beijing.gov.cn），最后访问时间：2023年4月15日。

③ 参见北京市统计局统计数据人口与就业，载北京市统计局智能云搜索（beijing.gov.cn），最后访问时间：2023年4月15日。

表 1　北京市刑事案件收费标准①

计时收费	100~10000 元/小时，下浮不限	
计件收费	侦查阶段	2000~15000 元
	审查起诉阶段	2000~15000 元
	一审阶段	4000~45000 元
二审、死刑复核、再审、申诉案件，按照一审阶段的收费标准收取律师服务费 被害人提起刑事附带民事诉讼案件的，按照民事诉讼案件收费标准收取律师服务费 犯罪嫌疑人、被告人同时涉及几个罪名或者数起犯罪事实的，可按照所涉罪名或犯罪事实分别计件收取		

不难看出，低收入水平与刑事案件收费标准之间存在着巨大鸿沟。即便是符合北京市平均工资水平者也未必消费得起昂贵的法律服务，而这中间数以十万乃至百万计的人群既不属于低收入群体，也没有足够的经济实力来负担私人聘请律师的费用，其诉讼权利势必无从保障。这是我国法律援助制度的巨大缺口。我国从事刑事辩护工作的律师数量依然有限，不能完全满足法律援助申请的数量需求。2012 年《刑事诉讼法》将法律援助的阶段从审判阶段提前至侦查阶段，加之指定辩护的范围扩大，理论上计算法律援助的案件数量就应该较之过去增加三倍以上。②

① 参见《北京市律师诉讼代理服务收费政府指导价标准》(2016)。

② 顾永忠、杨剑炜：《我国刑事法律援助的实施现状与对策建议——基于 2013 年〈刑事诉讼法〉施行以来的考察与思考》，载《法学杂志》2015 年第 4 期。

“质”的方面则是指法律援助辩护质量不高。实践中甚至存在律师“走过场”的现象。主要原因有二：其一是法律援助律师往往是资历较浅的年轻律师，缺乏办案经验；其二是法律援助案件补贴较低，律师办案缺乏积极性，又往往由一人同时代理几个援助案件，精力较为分散。

法律援助制度的发展历程反映了我国越来越注重人权保障的理念，以及国家兑现保护公民权利的责任意识，为法律援助制度的精细化发展奠定了基础。但我国目前仍然处于律师资源和财政力量的双重薄弱阶段，法律援助制度的发展受制于现实条件的掣肘。在此背景下，值班律师制度的应运而生就恰逢其时了。

2.1.3 我国值班律师制度的勃兴

正如前文所述，值班律师在我国的生根并非一蹴而就，其经历了理论争执与局部实践试错的较长周期。现在回味起来，不得不说值班律师制度的产生凸显了制度的自然演进规律。

2.1.3.1 值班律师制度的早期探索

值班律师制度在我国的实践探索，最早可追溯到2006年。当时，为了提高中国法律援助水平，并使之与国际标准接轨，联合国开发计划署与我国商务部、司法部合作，在河南省修武县进行为期两年的值班律师制度试点工作。试点项目结束后由于效果良好，催生了全国多地陆续开展的制度探索。

（1）试点项目初期成果

首批试点工作在县法院、看守所、公安局和城关派出所建立值班律师办公室，选派了18位值班律师轮流在以上地点开展法律援助宣传咨询、受理法律援助申请、提供诉前调解代理、未成年人被讯问时律师到场等免费法律服务，项目期间工作成果显著。①

初期试点工作的运行呈现“新”与“旧”并存的特点。“新”的方面体现在组织结构和工作模式。参与项目的试点单位均建立法律援助办公室。每个办公室每日指派两名值班律师提供服务，方式是电话或面谈。与传统法律援助服务不同的是，值班律师不必审查受援人的经济状况和案件类型，一律无门槛地为当事人及其亲属提供法律咨询和帮助，属于应急式、普惠式、无偿式的国家法律援助。而比较特殊的情况是，修武县看守所值班律师办公室设置在一间审讯室里而不是单独的办公室内，这是出于侦查秘密和方便监所管理的考量，且每日由两名值班律师前来值班。由犯罪嫌疑人提出申请，监所管理人员通知值班律师前来会见，服务的方式较为单一，值班律师会发放权利义务告知书，向其解释值班律师的功能以及申请方式，在帮

① 值班律师共接待了1735起咨询事项、1953位来访人员、帮助解答1161起法律咨询、帮助申请171起法律援助、引导267起案件至其他部门等。参见阮兰泉：《中国法律援助值班律师制度初探》，载《河南司法警官职业学院学报》2009年第4期。

助过程中如发现犯罪嫌疑人符合申请法律援助的资格，可以代为申请或转交法律援助申请。[①]

“旧”的方面则体现在值班律师具体的工作职能，主要是向当事人或其家属提供法律咨询、代写法律文书、转交法律援助申请、进行普法宣传、接待来访群众等。不难发现，这些职能与传统法律援助服务的内容并无实质差异。在服务对象上，受众群体仍然以大众以及犯罪嫌疑人、被告人家属为主，没有体现出值班律师与被追诉人“一对一”服务的特殊性；在工作内容上，值班律师很大程度上承担了普通法律援助律师的代写文书以及转交法律援助申请的工作，造成两种不同功能的法律援助律师职能上的重复与混淆。但是应当看到，试点地区在形式上具备了值班律师制度的雏形，职能的厘清在之后的十余年间也不断推进。正如登封市法律援助中心主任高伟丽所言，“现在服务对象变了，看守所值班律师不再服务看守所干警和犯罪嫌疑人家属，我们的目标是精准服务犯罪嫌疑人、被告人，充分保障他们的应有权益。”[②]

(2) 试点项目后续发展和影响

就河南省而言，虽然在 2008 年试点项目就宣告结束了，但此一社会试验良好的制度成果却已在全省开花结果，

---

① 王淑华、张艳红：《探索建立中国法律援助值班律师制度》，载《中国司法》2009 年第 5 期。

② 马维博：《从试点到全面覆盖形成健全体系——河南法律援助值班律师制度不断完善升级》，载《法制日报》2019 年 6 月 10 日。

试点单位扩大到20家。2009年，河南省司法厅决定，将法律援助值班律师制度向全省推广。试点的成果不仅使制度实施范围上得到扩张，在制度内容上也得到进一步扩展。焦作市在看守所设立与审讯室隔离开的独立的值班律师办公室，不仅延长了提供服务的时间，方式也变得多元，增加了接收书面咨询。服务对象上向保护少年犯倾斜：一方面，对于少年犯，值班律师提供服务时不被监视或监听；另一方面，在1996年《刑事诉讼法》规定审查起诉阶段可以委托辩护人的背景下，将少年犯罪嫌疑人申请值班律师帮助的时间提前到侦查阶段第一次讯问时起，① 这一做法与国际标准并无二致，也体现了对未成年人的保护、挽救、教育的刑法理念，在当时具有十分进步的意义。值班律师参与未成年人讯问、全程在场并提供法律咨询的情况，自2018年以来在河南全省近5000人次，② 已然演变为成熟的未成年人律师在场权制度。

就全国而言，在河南试点项目之后，多地吸收其成果经验，结合本地实际情况发展出值班律师制度。而大多省市的试点工作局限于法院和看守所两个地点，且服务内容与传统法律援助服务没有明显区别。上海于2010年在本地看守所建立值班律师工作室，为符合条件的被追诉人提供

① 贾翔宇：《值班律师制度研究》，吉林大学硕士论文，2017年，第24页。

② 马维博：《从试点到全面覆盖形成健全体系——河南法律援助值班律师制度不断完善升级》，载《法制日报》2019年6月10日。

法律援助。以往被羁押人的法律援助申请要倚赖办案机关传达，而增设值班律师办公室可绕过不必要的“中间环节”，直接与被追诉人建立联系。经过三年多的运行实践，上海在所有看守所实现了这一目标，连续几年内上海地区的刑事法律援助案件数量均保持在30%以上的增幅。① 此外，山东省蓬莱市、广州市、厦门市、安徽省宣城市、湖北省宜昌远安县和贵州省岑巩县等地均在2014年左右开始实践，主要是在看守所配备法律援助工作站或值班律师办公室，每周一般固定三个半天或两整天派驻值班律师值班，对被羁押的犯罪嫌疑人、被告人进行权利告知、普法宣传，为符合法律援助申请条件的人提供免费法律服务等，实现了法律援助律师值班和法律援助“一站式”服务。② 概而言之，值班律师制度的早期探索对于制度的落地生根以及本土化改造意义重大，为后续发展提供了制度框架和基本思路。

2.1.3.2 “以审判为中心”诉讼制度改革下的制度发展

党的十八届四中全会以来，我国开展“以审判为中心”的刑事诉讼制度改革，强调发挥法院对案件裁判的中

① 《上海市开创看守所法律援助值班律师工作室制度 成效显著》，载https://3g.china.com/act/news/11038989/20140818/18716428.html，最后访问时间：2023年4月15日。

② 《蓬莱建立看守所法律援助工作站探索律师值班制》，载蓬莱市建成看守所法律援助工作站 - 齐鲁法制网（qlfz365.cn），最后访问时间：2023年4月15日。

心作用，其基本前提则是保障辩护质量，实现控辩平等对抗。尤其是速裁程序和认罪认罚从宽制度试点的创立，急需律师力量来确保被追诉人诉讼权利的实现以及认罪认罚的自愿性。时下我国刑事辩护率尚低，传统法律援助具有覆盖面过窄的现实局限性，大部分刑事案件缺少律师介入。特别是认罪认罚案件，有律师参与的比例很低。在此情形下，简化的诉讼程序容易导致当事人正当的诉讼权利被忽略，有违程序正义的要求，甚至影响实体正义的实现。自2006年值班律师制度首次在我国进行试点，从一系列成功经验便可以发现，这一制度对于实现公民平等享有国家司法资源，平衡控辩双方力量具有积极效益。正是基于此种考虑，改革者在设计、制定速裁程序及认罪认罚从宽制度时提出建立值班律师制度。

2014年，《速裁工作办法》首次在国家规范层面提出建立值班律师制度,[①] 明确值班律师的性质属于法律援助，即为国家义务。紧接着2016年，《认罪认罚试点工作办法》进一步强化了值班律师制度，被追诉人自愿认罪认罚，没有辩护人的，通知值班律师提供法律帮助，如法律咨询、程序选择建议以及申请变更强制措施等。[②] 换言之，对比

---

① 该文件第4条规定：“建立法律援助值班律师制度，法律援助机构在人民法院、看守所派驻法律援助值班律师。犯罪嫌疑人、被告人申请提供法律援助的，应当为其指派法律援助值班律师。”

② 参见《关于在部分地区开展刑事案件认罪认罚从宽制度试点工作的办法》第5条。

《速裁工作办法》，被追诉人不再需要申请才能获得帮助，而是普惠式地享受法律援助服务。至此，值班律师制度的适用范围涵盖了原有的速裁程序，扩大到所有认罪认罚案件，囊括了侦查、审查起诉和审判全部诉讼流程。同时其规定被追诉人在签署认罪认罚具结书时必须有律师在场，没有委托辩护人也不符合法律援助条件的案件，则由值班律师现场予以见证。2017 年《值班律师工作意见》进一步扩大了制度的适用范围，同时细化了其内涵。在这份文件中，有三个地方值得注意：一是文件将值班律师制度适用的范围扩大到所有刑事案件，覆盖了全部诉讼阶段，而不仅仅局限在速裁和认罪认罚案件；二是系统规定了值班律师的工作职能；三是细化了值班律师的选任、设置地点以及考评制度等。[①] 同年，《全覆盖工作办法》规定适用简易程序、速裁程序且无辩护人的被告人，人民法院应当通知值班律师提供法律帮助。需要注意的是，这里的值班律师不是辩护人，也不提供出庭服务，仅提供法律咨询。通常是在开庭前，值班律师前来提供法律服务。2018 年，公安部办公厅、司法部办公厅联合发布《进一步加强和规范看守所法律援助值班律师工作的通知》，规范了看守所值班律师的工作流程。通知强调规范法律援助中心驻看守所的建设，进一步完善和落实看守所在押人员入所告知制度，完善值班律师工作运行机制，规定了提供服务的时效性，即

① 《关于开展法律援助值班律师工作的意见》第 2、3、4、5、7 条。

需要帮助者提出申请，看守所工作人员要在 48 小时内保障值班律师前来会见。2019 年“两高三部”联合出台《认罪认罚指导意见》首次明确了值班律师在审查起诉阶段享有阅卷权，可以查阅案卷材料，了解案情，明确回应了值班律师是否应当享有阅卷权的争论问题。2020 年“两高三部”再一次出台专门规范《值班律师工作办法》，体系化规定了值班律师的工作职责、工作程序和工作保障。

伴随着制度规范的不断完善和推进，近几年法律援助值班律师工作站在全国范围内迅速铺开。截至 2017 年下半年，全国已有 2300 余个看守所建立了法律援助工作站，覆盖率高达 88%；人民法院法律援助工作站覆盖率达 51.7%，上海、黑龙江、浙江、江苏、福建、河南等省市实现了人民法院和看守所值班律师工作站全覆盖。① 上海共设立了 20 个看守所法律援助工作站，其中 7 个设立在监区内，覆盖率 100%；截至 2018 年年底，北京市司法局在全市建立 107 个法律援助工作站，实现了驻看守所、法院、检察院、公安执法办案中心、监狱法律援助工作站的全覆盖。②

2.1.3.3 值班律师制度的立法表达

在积累了较为丰富的实践经验之后，值班律师制度终

---

① 《全国建立看守所法律援助工作站覆盖率达 88%》，载 http://china.caixin.com/2017-09-28/101151653.html，最后访问时间：2023 年 4 月 15 日。

② 《打造法律援助值班律师制度“北京模式”》，载打造法律援助值班律师制度“北京模式”（beijing.gov.cn），最后访问时间：2023 年 4 月 15 日。

于得以上升为法律。2018年《刑事诉讼法》在小范围内得到修正，增加认罪认罚从宽制度、值班律师制度、缺席审判制度等内容。修改后的第36条、第173条和第174条均提及了值班律师。其中第36条是对值班律师制度的概括性规定。① 根据此条文，可以提炼出两点重要信息：第一，被追诉人有权约见值班律师，这是犯罪嫌疑人、被告人的基础诉讼权利。犯罪嫌疑人、被告人是否约见值班律师则以其需要为主，原则上没有次数限制，相关部门要积极配合，为约见提供便利。第二，被追诉人可以在诉讼中的任何阶段申请值班律师的帮助，并且三机关负有权利告知的义务，且要以适当的方式告知犯罪嫌疑人、被告人其申请值班律师帮助的权利。第173条和第174条是在审查起诉阶段和认罪认罚从宽制度中规定值班律师的职能，主要强调人民检察院在审查起诉案件时要听取值班律师的意见以及被追诉人签署认罪认罚具结书时需要值班律师在场。

值得注意的是，在立法的过程中对于第36条——即值班律师的职能和定位——存在较大争议。这从两次修正草案的变化便可窥一斑。《刑事诉讼法》（修正草案）一审稿

① 《刑事诉讼法》第36条规定："法律援助机构可以在人民法院、看守所等场所派驻值班律师。犯罪嫌疑人、被告人没有委托辩护人，法律援助机构没有指派律师为其提供辩护的，由值班律师为犯罪嫌疑人、被告人提供法律咨询、程序选择建议、申请变更强制措施、对案件处理提出意见等法律帮助。人民法院、人民检察院、看守所应当告知犯罪嫌疑人、被告人有权约见值班律师，并为犯罪嫌疑人、被告人约见值班律师提供便利。"

对值班律师进行了概括性的定义。[①] 相比于一审稿，二审稿对值班律师的概念进行了调整，将最后“辩护”的字眼改为“法律帮助”，同时删去了“代理申诉、控告”的职能。全国人大宪法和法律委员会负责人在汇报修改情况时讲到，对于一审稿中值班律师的工作内容，一些常委会委员、部门和公众认为值班律师与辩护人在职能方面存在很大的不同，值班律师应是为没有辩护人的被追诉人提供法律帮助，这样的定位符合认罪认罚从宽制度改革试点方案以及有关部门关于开展值班律师工作的意见要求，试点情况表明也较为可行。[②] 据此，草案二审稿对应做出了修改。一方面，将“辩护”改为“法律帮助”，有意将二者区别明确传达出了值班律师不是辩护人的信号；另一方面，根据《刑事诉讼法》第38条规定，“代理申诉、控告”是辩护律师的典型职能，立法机关认为此类申诉、控告事实上属于独立的法律援助案件，应当使用法律援助的一般规定。二审稿的一并删除表明立法机关的用意已然明确，将值班律师排除在辩护人之外，其地位仅是“法律帮助者”。

① 一审稿第36条规定：“法律援助机构可以在人民法院、人民检察院、看守所派驻值班律师。犯罪嫌疑人、被告人没有委托辩护人，法律援助机构没有指派律师为其提供辩护的，由值班律师为犯罪嫌疑人、被告人提供法律咨询，程序选择建议，代理申诉、控告，申请变更强制措施，对案件处理提出意见等辩护。”

② 王琦：《刑诉法修正草案二审调整值班律师职责》，载 https://baijiahao.baidu.com/s?id=1609965671843017179&wfr=spider&for=pc，最后访问时间：2023年4月15日。

到了刑事诉讼法草案的三审稿，也就是定稿中在值班律师派驻地点的规定上与一、二审稿略有不同，删除了“检察院”，在“看守所”之后增加了“等”字。[①] 此处变化的解读有二：其一，“等”字实质涵盖了检察机关，按照目前实践中的做法基本是在看守所或者法院进行值班律师服务，所以当下制度落实的重心还是在看守所和法院两个地点，但是随着制度的推行和发展在检察机关设置值班律师服务区是指日可待的。其二，对于取保候审的犯罪嫌疑人、被告人，如果想得到值班律师的服务，也可以在检察院的办案区进行针对性服务。第36条第2款提到了检察院应当为值班律师的工作提供便利，[②] 这一条文为当事人在检察机关咨询值班律师提供了规范依据。[③]

2.1.4 小结：当下中国律师制度的体系化构成

我国经济社会尚在经历转型期，各行各业在时代引领下不断创新和发展。而法律固有的滞后性决定了需要不断予以调试，以寻找当下社会矛盾的解决之路。聚焦于刑事

---

① 三审稿中第36条第1款规定：“法律援助机构可以在人民法院、看守所等场所派驻值班律师”。相较于第一、二审议稿“法律援助机构可以在人民法院、检察院、看守所派驻值班律师”的表述，删除了“检察院”，加了一个“等”字。

② 《刑事诉讼法》第36条第2款规定：“人民法院、人民检察院、看守所应当告知犯罪嫌疑人、被告人有权约见值班律师，并为犯罪嫌疑人、被告人约见值班律师提供便利。”

③ 陈卫东主编：《2018刑事诉讼法修改条文理解与适用》，中国法制出版社2019年版，第130页。

法领域，近些年的案件类型分布反应了社会经济的发展，体现在严重暴力性犯罪减少，轻微刑事案件比例上升。具体而言，1995 年判处 5 年以上有期徒刑、无期徒刑、死刑（包括死缓）的重刑犯占 63.19%，到了 2013 年这一比例下降到 11%，量刑在 3 年有期徒刑以下的案件占比 80%以上。[①] 鉴于科技的进步与繁荣，互联网犯罪、电信诈骗等新型犯罪激增；“刑法修正案八”“刑法修正案九”增加了几种轻微刑事犯罪类型，以及劳动教养制度被废除等均导致了轻刑化犯罪的大量增加。[②] 这一结论从公安机关刑事案件的立案数量中可以得到证实，1995 年为 1 690 407 件，2013 年已然达到了 6 598 247 件。人民法院的刑事审判案件数量则从 1995 年的 495 741 件一跃到 2015 年的 1 126 748 件，涨幅在 127%左右。[③]

这反映了如下事实：一方面，即便按照原有的法律援助比例来供给必要的法律帮助，基数变大，原有的法律援助资源也是远远不够的；而增加财政投入、扩大法律援助辩护案件的范围极其不易的，受制于国家财力。另一方面，整个司法系统案多人少的结构性矛盾加剧。原有的简易程序仍然还不够简易到足以应对数量繁多的案件，所以要增设更为简洁的诉讼模式，以极简化流程来完成大量轻罪案

① 参见贾志强：《论认罪认罚案件的有效辩护》，载《政法论坛》2018 年第 2 期。

② 陈卫东：《认罪认罚从宽制度研究》，载《中国法学》2016 年第 2 期。

③ 数据来源：《中国法律年鉴（1996—2014）》。

件与没有争议的当事人认罪案件。同时，集中资源和精力去着手解决疑难、复杂案件，进而实现刑事审判繁简分流的诉讼化改造。这些改变有着深刻的社会根源和司法需求。相应的，辩护制度和律师队伍也在发生急剧的供需变化。为了回应需求，当前刑事领域律师队伍已然呈现多元化局面，继委托律师、法律援助辩护律师之后，新兴的值班律师将成为辩护中的第三支力量，是对前两者的重要补充。由此，三支队伍合力打造出覆盖全流程、所有案件的辩护力量。从目的主义的角度来看，值班律师、委托律师和法律援助辩护律师在本质上是相同的，即维护被追诉人的程序权利和诉讼利益，均是对抗和监督公权力的重要力量。而从功能主义的角度出发，值班律师有其自身的特殊功能。现阶段的值班律师不仅能发挥及时性、无偿性、普适性法律帮助的制度本性，而且还承担了辩护资源紧缺状况下的部分辩护职能。这样一来，值班律师就既是辩护权发展到高水平的精细化产物，以求实现法律援助制度多元化发展；又是解决固有制度局限的“补丁式”举措。大体而言，律师制度的体系化、多元化发展彰显了司法制度的文明与完善，辩护权实现时期“早”、适用范围“广”、法体系位置“高”，都可以表明辩护权的有序扩展。①

---

① 【日】西原春夫主编：《日本刑事法的形成与特色》，李海东等译，法律出版社 1997 年版，第 433 页。

2.2 我国值班律师制度的存在意义

值班律师制度——在刑事诉讼与刑事司法理念上——的重要价值自然不言而喻。其是平等保护被追诉人辩护权、促进程序正义和人权保障的重要制度支持。但值班律师对于我国当下的诉讼环境而言，还具有些许个性化的特殊导向。

2.2.1 刑事辩护“全覆盖”的中流砥柱

辩护权的发展状况代表了一国法治化水平，也是司法文明的集中体现。正如某些学者所言，“完善的辩护制度是国家民主法治发达的重要标志……辩护制度是人类社会和司法走向文明的产物。”[①] 根据“以审判为中心”的刑事诉讼制度改革的意涵及结构，辩护律师属于诉讼制度中四大主体（公安、法院、检察院、刑辩律师）之一，又代表了三个基本诉讼职能之一。若是没有辩护职能，则刑事辩护缺位，这一诉讼框架就是一个不完整、不健康的残破整体。[②] 在此背景下，于2017年开展刑事案件律师辩护全覆盖的试点工作，旨在确切落实庭审实质化的要求，保障司

---

① 陈光中：《完善的辩护制度是国家民主法治发达的重要标志》，载《中国法律评论》2015年第2期。

② 参见樊崇义：《赞法律援助值班律师制度》，载《人民法治》2017年第10期。

法人权，让每一件刑事案件都能有律师的帮助，让每一位刑事被追诉人都感受到司法的公平正义。囿于我国传统法律援助资源的有限和一直以来低迷的刑事辩护率，值班律师制度在这一宏大计划里可谓发挥了中流砥柱之作用。

依据试点工作办法要求，适用简易程序和速裁程序的案件，犯罪嫌疑人、被告人没有辩护人的，应当得到值班律师的法律帮助。而根据试点地区的反馈，值班律师在审判阶段办理的案件占全部案件的42%。① 在三次递进式刑事律师辩护全覆盖试点工作中，改革者似乎力求将值班律师作为一种辩护的主要来源，提升至与传统辩护人并重的地位。截至2018年9月底，在各地的辩护律师全覆盖试点中，因扩大通知法律援助辩护范围导致案件数量一共增加了139 352件，其中由值班律师提供法律帮助的案件多达59 090件，占比42.4%，将近一半的案件由值班律师来提供帮助。北京地区的试点更是高达97.4%的值班律师服务比率。② 2021年，全国各地因开展试点值班律师提供法律帮助的案件55万余件。③ 据保守估计，值班律师在刑事律师辩护全覆盖项目中贡献了半壁江山。若没有值班律师制度作为支撑，仅凭我国传统法律援助律师的数量和现有的

① 参见顾永忠：《以刑事审判为突破口带动刑事案件律师辩护全覆盖试点向纵深发展》，载《中国律师》2019年第2期。

② 参见李立家：《刑事案件律师辩护全覆盖政策实证分析》，载《中国司法》2016年第6期。

③ 参见最高人民法院、最高人民检察院、公安部、司法部《关于进一步深化刑事案件律师辩护全覆盖试点工作的意见》。

援助工作模式，国家财政在短期内能够实现上述目标的可能性几乎为零。值班律师制度不仅是实现刑事审判阶段律师辩护全覆盖的中流砥柱，更是我国目前与国际法律援助标准接轨的唯一现实桥梁，是由“法律援助发展中国家”向“法律援助发达国家”迈进的一个必经阶段。

2.2.2 制约侦查权运行的有效手段

值班律师制度恰好可以回应侦查权监督不足的问题。尽管《刑事诉讼法》规定犯罪嫌疑人自第一次讯问或者被采取强制措施之日起有权委托辩护律师，但实践中辩护人的到位却往往较迟缓。究其原因，恐怕辩护律师不能按时到位不仅仅是源于一些侦查机关的怠于履职，犯罪嫌疑人及其家属委托律师实际上也需要耗费较长的时间。尤其在犯罪嫌疑人被羁押的状况下，侦查机关要向犯罪嫌疑人的家属转达其想要聘请律师的意愿，然后家属再去寻找合适的辩护律师，或者侦查机关通知法律援助机构指派律师，但也需要经过一定的审核流程，此两种情况均需要耗费较长时间，而侦查活动并不会因为辩护人的缺位而停滞等待，何况我国并没有确立律师在场制度。因此，常常一些案件已经接近侦查终结，而律师还没有到位并提供法律帮助。换言之，部分犯罪嫌疑人并非没有聘请辩护律师的能力，而是在我国普遍缺乏消费法律服务的日常语境下，律师并非一种“随叫随到”的服务类型。值班律师的出现正好可以弥补辩护律师缺位的时间“空隙”，由于该制度的常设性以及无须审查对象资格的属性，能够提供给被追诉人无门槛的及时的法律咨询服务。一者，帮助犯罪嫌疑人在早期侦查过程中权利不受侵犯，解答犯罪嫌疑人关于定罪量刑的困惑，提供专业的法律建议，帮助被追诉人在明知、明智的状态下处分自己的权益。再者，也是其最重要的制度功能，通过值班律师的及时参与，打破侦查活动的封闭性，监督警察侦查行为是否合法。目前基本上全国看守所均建立了法律援助工作站，法律援助机构派驻值班律师提供法律帮助，同时也是给予被羁押人一个反映情况的便利渠道。值班律师制度独立于追诉主体，是为了被追诉人权利保障而设立的，本身对于被追诉人而言便是一种雪中送炭的客观存在，完全值得被追诉人信任。此外，相关规范性文件中也规定，犯罪嫌疑人、被告人如果受到侦查人员的非法讯问，可以及时请求值班律师的帮助。[①] 正是因为值班律师的存在实际上畅通了被追诉人的申诉、控告的途径，倒逼侦查机关合理使用侦查权力，规范自身的侦查活动；同时也打消了侦查人员的侥幸心理，只能寄希望于提升自身侦查能力，转变侦查理念。

---

① 最高人民法院、最高人民检察院、公安部、国家安全部、司法部《关于办理刑事案件严格排除非法证据若干问题的规定》第 19 条第 2 款规定：“法律援助值班律师可以为犯罪嫌疑人、被告人提供法律帮助，对刑讯逼供、非法取证情形代理申诉、控告。”

2.2.3 促进侦诉审发现真实的积极作用

我们通常将刑事诉讼的基本结构置于等腰三角形的理想预设中，而控辩审三方则各居一端。这一结构形态代表了一种对立统一的关系，即各方通过相互争执而达成共同的稳定诉求。简而言之，诉讼进程中的任何一方主体的存续，都不是以完全对抗其他权力类型为己任的。对于值班律师来说更是如此，其存在并非是为被追诉人不分是非的开脱罪行，而在于协助侦诉审更为准确地把握案情真相。当辩护律师不能及时到位之际，值班律师的存在无疑客观上能够起到这样的功效。从这个角度看，值班律师的存在价值并不单单涉及程序公正的维系，更会裨益于实体真相的接近。

由此可见，值班律师代表了一种独特的诉讼视角。当其亲身接触案件信息时，会对部分细节的争议有所感观，而藉由同侦诉审机关的沟通，则有助于将建设性意见转化为具体的权力行为。尤其在被追诉人蒙受不白之冤的情况下，值班律师及时地介入与参与，利于使其较早摆脱讼累。当然，由于当下值班律师并不具有辩护人身份，其介入实体内容的力度恐怕无法企及后者。尤其是在被追诉人的供述内容处于证据链条中不可或缺的地位，其与被追诉人的会面交涉则为事实还原的多元化提供了契机。案件的诉讼流转其实就是一个还原真相的过程，而这种回溯恰恰不可能达到百分之百的精确。因此，多种渠道的信息拼接无疑会最大限度地将客观事实呈现出来，不至于因蛛丝马迹的遗漏而酿成大患。值班律师只要进入诉讼框架体系之内，就有机会获公权力所掌控信息之外的案情内容，进而对程序形成补充性影响。当然，此功效的发挥依赖值班律师高质量的工作。意味着值班律师能够协助侦诉审部门发现客观真实，势必要以自身的积极履职为前提。否则，值班律师的敷衍了事一旦成为常态，这样的价值预期也就无从谈起了。

2.2.4 深化司法改革的配套性措施

中国司法改革的精神内核可以阐释为优化资源配置，以实现司法公正、人权保障，维护司法公信力。在刑事诉讼场域内，公平正义不仅体现在实体结果的处理上，更体现在被追诉人的诉讼权利保障上。能否在诉讼程序中保证被追诉人的诉讼权利和人格尊严，同样是评判司法公正的重要根据。当下司法改革的一大成果，当属案件的繁简分流机制——速裁程序和认罪认罚从宽。立法试图通过建立犯罪嫌疑人认罪认罚的激励机制，以提高案件处理效率，节约司法资源。而其所节约的司法资源自然应投入到被追诉人不认罪的普通程序中，以落实庭审实质化，形成良性的单向补给系统。无论在认罪案件还是不认罪案件中，保障被追诉人供述自愿性均是正当程序之应然要求。而在认罪认罚从宽的制度语境下，被追诉人的诉讼权利往往会因程序简化而大为减损，“实务界所主张的减轻法院负担、简化诉讼程序的措施总是以牺牲辩护权为代价的。”① 所以，在认罪认罚案件中保障嫌疑人的自愿性就格外重要，甚至可以形容为该制度的生命线。笔者通过在“中国裁判文书网”中检索全国基层法院从 2017 年至 2019 年所审理的认罪认罚的案件量，显示的数字是 290 242 件；而输入“认罪认罚”和“辩护人”两个关键词得到的数据则是 84 313 件。由于只有委托律师和法律援助指定律师参与的案件，裁判文书中才会出现“辩护人”的字样，故而有辩护人参与的认罪认罚案件占比约 29%。《刑事诉讼法》和相关规范性文件，均要求认罪认罚案件必须有值班律师的参与，那么这就意味着 71%的认罪案件将是由值班律师提供法律帮助，如此庞大的比重赋予了该制度重大的历史使命。换句话说，值班律师制度所发挥的功能如何，将直接影响了认罪认罚案件的办理质量。是故，构建和完善值班律师制度，不仅是辩护和法律援助制度的关键步骤，更是我国司法改革诸项成果的配套举措，不可谓不意义重大。

2.3 值班律师制度的现实问题

值班律师制度随着速裁、认罪认罚从宽、刑事辩护律师全覆盖等试点的出台运行，进而开启了全国性的探索试

---

① 【瑞士】萨拉·J. 萨默斯：《公正审判：欧洲刑事诉讼传统与欧洲人权法院》，朱奎彬、谢进杰译，中国政法大学出版社 2012 年版，第 113 页。

错，直至被融入《刑事诉讼法》之中。在值班律师制度运行的这一段时间里，其在规模和职能上不断扩大，却也暴露出若干亟待解决的问题。

2.3.1 值班律师制度的初衷偏颇

追根溯源，值班律师制度发源于1972年的英国布里斯托市。为了弥补法律援助制度的有限性，当地开创性地安排律师在治安法院值班，为前来参加初次聆讯活动的当事人提供法律咨询，保证被追诉人及时得到法律帮助。而后，这一节约律师资源兼顾服务效率的法律援助模式，就被英格兰许多司法辖区所借鉴，并生动地形容为“急诊科大夫”。鉴于该制度在实践中运行良好，最终确立在《1982年法律援助法》（The Legal Aid Act of 1982）中。[①] 由此，值班律师制度（National Duty Solicitor Scheme）在英格兰和威尔士地区明确上升为法律规范。两年后，根据1984年《警察与刑事证据法》的规定，值班律师制度的适用场域扩大到警察局，目的是应对突发案件的紧急性。由于案件发生后嫌疑人即被警方带走，往往处于茫然无措的状态，常伴有律师缺位现象。值班律师的作用是向被拘捕人提供第一时间的法律帮助，使其从刑事诉讼程序的源头起便享有法律帮助权。通过值班律师专业的法律咨询，嫌疑人可

---

① 参见大卫·赫歇尔、威廉·韦克菲尔德：《英国和美国的刑事司法》，J. David Hirschel &William Wakefield, Criminal justice in England and the United States, Praeger（1995）.

以了解自身处境以及如何理性面对，防止侦查机关以公权之强势地位剥夺其合法的诉讼权利。至此，英国形成警局值班律师和法庭值班律师并立的值班律师制度格局。加拿大、澳大利亚、新西兰等国在制度移植和发展中同样立足于前述基础，逐渐丰富其内涵，抑或增加类型和功能细化。

介入节点方面，域外制度仅在侦查初期和受治安法院管辖的轻微案件被告人首次聆讯中发挥作用；在服务内容上，值班律师受制于制度的及时性、服务案件的广泛性，仅能提供简单的法律咨询和必要的程序性建议，即实施“有限的辩护”，而无法深入到个案中如辩护律师一般了解案件细节，从而给出成熟的防御方案。因此我们可以得出结论：值班律师的功能无法等同于委托律师和法律援助律师，仅是二者缺位时的应急性补充。

而我国值班律师制度的出台，是作为司法改革的配套措施逐步上升到国家规范的层面。其初始目的是解决简化诉讼程序中律师帮助缺省之问题，以回应减损被追诉人部分诉讼权利而缺失辩护的正当性困境。通说认为，我国的认罪认罚从宽制度吸取了美国辩诉交易的一些合理要素，结合司法文化传统和实际需求所创设的一种全新制度。纵观域外的简化诉讼程序类型，无论是美国的辩诉交易还是英国的认罪答辩程序，抑或德国的处罚令程序及法国的庭前认罪协商程序，尽管在称呼和具体操作、适用范围上不尽相同，但均在缩减被追诉人诉讼权利的同时强化了律师参与。美国对于辩诉交易制度中律师的参与非常重视，认为这是正当程序的要求，系刑事案件的必要条件而非奢侈品。在德国，没有辩护律师在场，检察官不得与被追诉人单独进行协商。而法国《刑事诉讼法》第495-7条则明确规定，在庭前认罪协商程序中，被告人不得放弃律师帮助。可以发现，域外的认罪协商类程序有两大共性，一是程序的简化，二是律师的参与。我国认罪认罚从宽制度面临着律师帮助缺位的正当性考验，恰好源于法律援助范围的狭窄和资源有限所致。因此，正是制度需求和现在窘境的双重压力，促使值班律师制度一跃进入改革者的视线。继而，改革决策者一方面引进值班律师制度，并按照域外经验称之为“急诊科医生”式的应急性法律帮助，明示其负责简单的法律咨询和程序选择建议；另一方面，则将值班律师用作填补认罪认罚从宽中辩方律师的权利真空。

我国引入值班律师的初始目的造成了实然层面值班律师的职能扩大。在域外，值班律师主要针对侦查早期阶段，犯罪嫌疑人的委托律师或者指派律师到位之前，如果犯罪嫌疑人需要律师帮助，或者警察讯问时需要律师在场，此时请求值班律师的帮助。值班律师可给予被追诉人简单的法律意见，介绍其享有的权利，故而确保了最基础的法律帮助权。而我国引入值班律师制度，主要则用于认罪认罚案件，为无辩护人的被追诉人提供法律咨询、程序选择建议，同时还要发表关于定罪量刑的意见，见证认罪认罚具结书的签署等。显然，认罪案件中值班律师的作用更接近于辩护人。这样的角色定位并不符合域外值班律师的典型样态。在域外，值班律师一般不会深入具体案件开展调查，并发表关于定罪量刑的实体意见，而只是提供“有限的法律帮助”，与辩护律师的差别很大。而我国的值班律师在认罪案件中则发挥了类似于“有效辩护”的功能。例如，检察官在审查起诉时要听取值班律师的意见，而试想若对案件不足够了解，值班律师又如何负责任地就案件定罪量刑提出意见呢？因此，由于制度设立的初衷偏差，造成了两个结果。一者即如上所述，值班律师制度在我国被赋予了更大职责，但又局限在域外值班律师的功能定位，没有完全赋予其相匹配的地位和权限，才使得实践层面值班律师无法在认罪案件中发挥实效。另一个结果就是，我国忽视了值班律师在公安机关派出所的初始功能，这也是域外该制度最主要的实现场域，即警局值班律师。犯罪嫌疑人一般到案是先在派出所，或者是经警方传唤到指定地点，经过警察的讯问，决定对其拘留或逮捕时才会转移到看守所。以拘传为例，《公安机关办理刑事案件程序规定》第 80 条规定，需要采取拘留或逮捕措施的犯罪嫌疑人最长可以被拘传 24 个小时。[①] 我国警局内没有设置值班律师工作机制，警局期间犯罪嫌疑人的法律帮助权便无法实现，然而这却又是非法取证的高发地带。不遑多论，警局值班律师计划

① 《公安机关办理刑事案件程序规定》第 80 条第 1 款规定：“拘传持续的时间不得超过十二小时；案情特别重大、复杂，需要采取拘留、逮捕措施的，经县级以上公安机关负责人批准，拘传持续的时间不得超过二十四小时。不得以连续拘传的形式变相拘禁犯罪嫌疑人。”

的缺失无疑是制度落实的一大遗憾。

2.3.2 值班律师的定位狭窄

2018年《刑事诉讼法》修改之际，在措辞上反复斟酌是采用“法律帮助”还是“辩护”。最终经过两轮修改，还是落在了“法律帮助”的字眼上。在其他涉及值班律师的中央文件里也频频出现“值班律师、辩护人”并列的表述。因此人们常将值班律师称为“法律帮助者”。承继上一部分，值班律师制度设置初衷上的偏颇造成了值班律师的定位与实际工作要求的脱轨。在我国，值班律师除了进行一般的法律咨询服务，最普遍的任务就是参与被追诉人的认罪认罚案件。认罪协商类程序启动的基本前提，是保障被追诉人认罪的自愿性以及定罪量刑的合理处分。而律师在其中必须充分了解案件性质和量刑情节，才能给出专业的法律意见，这显然超出了立法者之前对值班律师设定的权利范畴。值班律师这种“一人对多案”的模式，在精力投入方面本就无法与委托律师和指定律师相比，仅仅是法律帮助者而非辩护人的制度属性，更是极大限制了值班律师的职能发挥。自各地试点开展以来，实务部门一直以值班律师不是辩护人为由，限制值班律师的各项诉讼权利，使值班律师的法律帮助仅限于较浅层次的法律咨询，而无法提供有针对性的建议。

值班律师在认罪认罚案件中的定位其实是人们讨论最多的话题，尤其担心值班律师定位不明而导致其作用流于形式。[1]《认罪认罚试点工作办法》首次打破了刑事诉讼法对辩护律师的权利框架，第一次明确允许“律师在场”，即规定在被追诉人签署认罪认罚具结书时必须有辩护人或值班律师在场。这一条文看似拓宽了律师的职业空间，实则将律师，尤其是值班律师的参与推向过度形式化的深渊。如此将值班律师定位为见证人，对值班律师本身而言，其实是对律师资源和专业素质的浪费。因为消极的见证和监督并非律师的特长所在，相信人大代表、政协委员，甚至普通民众都能胜任此工作，只需号召全民参与司法活动即可。另外，日益成熟的非法证据排除规则和完备的全程录音录像制度亦能发挥监督和救济功能，根本不需要政府支付额外的财政开支来供养值班律师专业团队。可以说，从前期试点单位的反馈来看，值班律师在认罪案件中发挥的作用十分有限。

受“见证者”定位的持续影响，值班律师更多呈现了与司法机关合作的趋势。很多司法人员认为，在协商性司法的新模式下，控辩双方不再是对抗的，而是合作、协商的关系。如果过分强调这种“合作性”，值班律师恐怕就会被视为案件办理的“搭档”，甚至可能利用值班律师自身“中立”的身份，以协助检察官说服被追诉人选择认罪认罚及程序简化，达到方便结案，提升效率的客观效果。

---

① 参见史立梅：《认罪认罚从宽程序中的潜在风险及其防范》，载《当代法学》2017年第5期。

随之而来的，值班律师的见证属性便会进一步夯实，乃至被片面认定其职责就是见证而非法律帮助。在更多改革者看来，规范执法行为才是值班律师的核心功能，于是其价值就被明确为“形式化帮助。”[①] 无论是“法律帮助者”抑或是“见证人”的定位，都无法真正体现值班律师在认罪认罚案件中的作用。值班律师的参与不仅仅是见证程序合法，更是有效辩护的提供者。切实为犯罪嫌疑人、被告人的权益提出专业意见，才符合认罪认罚从宽改革的精神，亦符合程序正义的要求。

2.3.3 值班律师的工作效果不彰

我国的刑事案件中，委托辩护、申请和指派传统法律援助律师的比例都很低，而且往往指派律师的到位时间受审批程序的影响会出现不同程度的延迟，因而绝大部分案件以及个案的早期阶段，往往是缺乏辩护人参与的，值班律师制度恰是填补上述空白地带的有生力量。加之，在诉讼制度改革、创新快速审理方式的宏观背景之下，程序的简化和效率的提高必然容易减损犯罪嫌疑人、被告人的程序权利。为了平衡控辩力量，保障被追诉人的权益，绝大部分没有辩护人的案件有赖于值班律师制度的补充。因此，

① 参见孙军、樊华中：《认罪认罚从宽制度中值班律师的职责定位——以上海市工作开展情况为基础》，载胡卫列、董桂文、韩大元主编：《认罪认罚从宽制度的理论与实践——第十三届国家高级检察官论坛论文集》，中国检察出版社 2017 年版。

值班律师制度所发挥的功能效果将直接影响到案件实体是否公正、程序是否合法。在应然层面，值班律师应当及时有效地提供法律帮助，而各机关需予以积极配合，才能打通刑事辩护“最后一公里”，切实保障被追诉人利益。但实然情况却是，值班律师的工作常常流于形式，办案机关则态度消极。追根溯源，值班律师的工作效果不彰，应当归咎于其本身之内因和外部环境的双重影响。

2.3.3.1 内部因素

首先，值班律师的自身业务素质总体上不过关。一方面，值班律师在成分上主要来自社会律师。由于自身承担的其他业务通常较为繁忙，一些值班律师并不真正了解该制度的内涵、职责和应发挥的功能到底是什么。由于这种对自身工作的认识不足，往往会认为值班律师等同于法律援助的“律师值班”，故不能很到位地向犯罪嫌疑人、被告人宣传和解释自己的角色功能和工作职责，反而做了大量传统法律援助的辅助性工作，如转交法律援助申请等。另一方面，部分值班律师提供法律帮助的能力和水平有限，不能给予被追诉人切实有效的帮助。这与值班律师的选任标准或许有直接关系。和传统法律援助律师群体类似，值班律师也呈现出普遍性的年龄偏低、经验不足之特点。纷繁复杂的案件类型和情况，对于年轻律师的知识储备和实战经验来说是很大的考验。因此，经验不足的状况大为掣肘了值班律师制度效果的发挥。

其次，认罪认罚案件中值班律师介入太晚。在认罪认罚案件中，值班律师往往是在签署认罪认罚具结书的时候才会介入，这个时候被追诉人和检察官就认罪认罚的协商过程已然结束，值班律师无从发挥实质作用，而只能简单见证具结过程形式合法与否，丧失了对值班律师参与认罪案件的功能预期。办理认罪案件的核心要求是保障认罪的自愿性，认罚的合理合法以及平等协商，犯罪嫌疑人、被告人往往没有对于案件性质、案件细节在法律上的把控能力，缺乏值班律师的过程参与，被追诉人很可能被检察官的意见影响或误导，很难保证其是完全出于“明知、明智”自愿作出认罪表示。值班律师不参与协商过程，严重侵蚀了认罪认罚从宽制度的正当性基础，导致其工作内容的形式化。

最后，值班律师配备不够，人数少。比如，北京市某区法律援助机构每天派驻的值班律师数量仅为一人，远远不足以回应咨询者的需求。[①]

2.3.3.2 外部因素

概而言之，公权力机关的配合度不高，构成了值班律师工作效果不彰的外部因素。一个制度能够良好运行自身建设是根本，外部机制配合是保障。值班律师制度的推行尤其需要侦查、检察和审判机关的支持和配合。通过履行

① 参见北京市朝阳区司法局课题组：《开展刑事案件律师辩护全覆盖试点工作的实证分析——以北京市朝阳区为例》，载《中国司法》2018 年第 11 期。

被追诉人申请值班律师法律帮助的权利告知，为值班律师和被追诉人之间的沟通提供便利。但在侦查阶段，尤其是侦查早期，值班律师的法律帮助落实常常并不到位。一方面，体现犯罪嫌疑人鲜有主动申请法律帮助的。例如北京市某区法律援助工作站接到的电话咨询中，仅有2%是刑事案件咨询。[①] 其原因一部分在于被追诉人法律意识淡薄，不懂得维护自身诉讼权益以及如何维护，或者对免费的律师帮助心存疑虑，进而导致放弃申请。更直接的原因则是一些侦查机关出于办案效率和侦查便利的考虑，怠于履行通知义务，没有充分向犯罪嫌疑人解释值班律师制度的内容、申请条件和服务范围。而被追诉人在侦查人员的面前本来就处于弱势地位，加之不了解值班律师的工作性质和侦查人员对此的消极态度，只好放弃申请法律帮助的权利。只有少数犯罪嫌疑人可以辗转得知权利实现的条件和途径，进而完成申请流程。对于侦查机关不履行告知义务的行为，《刑事诉讼法》只规定了三机关应当告知，而对于不履责的行为并没有明确的制裁后果，使得侦查机关更有恃无恐于此类不作为之态度。

另一方面，在一些地区的司法实践中，值班律师的会见权受限制。当值班律师与当事人交流的时候，侦查人员或检察官在旁监视，或者监听值班律师与被追诉人的通话，使被追诉人感到压力而惮于咨询。目前刑事诉讼法和相关

---

① 参见北京市朝阳区司法局课题组：《开展刑事案件律师辩护全覆盖试点工作的实证分析——以北京市朝阳区为例》，载《中国司法》2018年第11期。

文件规定了人民法院和看守所应当为值班律师的工作提供便利，简化会见程序等，但没有规定值班律师提供服务时可否允许侦查人员或检察官在场。因为在立法上严格区分了“法律帮助”和“辩护”，相关规范性文件上也将值班律师与辩护人并列来提，由此推导出值班律师不具有辩护人身份之结论，且不受《刑事诉讼法》第 39 条“辩护律师会见犯罪嫌疑人、被告人时不被监听”的规制。因此，实务部门常常利用这一法律间隙，使得值班律师与被追诉人之间的交流效果受到破坏。

2.3.4 值班律师制度受到破坏

众所周知，复杂机械上的某个零件想要发挥功效，肯定离不开相邻零件的配合，也离不开外部润滑剂之支持；只有内部和外部条件均达到适宜状态，零件才能工作臻于最佳效果。而对于一项制度而言，相关的配套举措支持是“相邻零件”，而针对制度自身的监督和保障则乃“润滑剂”，是制度得以良好运行的外部保障。造成值班律师制度之效果欠佳的因素不仅限于前述原因，保障和监督虽不构成制度的本体部分，却也对制度整体的运行不畅的负有责任。毕竟，“润滑剂”不足势必导致零件的磨损，亦为机械工作效能不高的直接原因。

2.3.4.1 制度保障不足

首先是经费保障不足。由于值班律师的补贴过低，影响了其工作的积极性，也降低了社会律师加入值班律师队伍的意愿。任何制度的良好运行都离不开充足的经费支持，值班律师制度作为法律援助制度的一个分支，由国家财政负责拨款，是国家社会福利的重要组成部分。然而，经费问题仍然是大部分省市面临的共同难题，地方财政捉襟见肘和有心无力，制约了制度的运行效果。根据笔者对于c市看守所所长的访谈，值班律师制度在东北大部分地区迟迟落实不到位的主要原因就是财政经费不足，支付不起值班律师的费用。而即便在东南沿海地区的厦门市，2014年法律援助中心给值班律师的补贴也不过每人每次50元，远低于本市平均工资标准。[①] 杭州市2015年印发了《杭州市法律援助经费使用管理办法》，将原来每个值班律师每天100元的补助增加到每人每天260元，在全国算是比较高的水平，但是对比当地私人律师的收费水平，这一标准仍显得十分微薄。[②] 诚然，值班律师制度具有公益性质，参与其中的律师应有此觉悟或是怀着公益之心进行服务；有一些资深律师也的确身体力行，甚至倒贴成本履行服务。但也应当看到，对于大部分年轻律师或新手律师来说，微薄的酬劳不足以覆盖基本的路费、饮食和住宿花销，更遑论会

① 参见甘权仕：《法律援助律师值班制度调研报告——以厦门市法律援助中心为蓝本》，载《法律服务》2015年第11期。

② 参见董红民、麻伟静：《构建法律援助值班律师制度实证探析》，载《法律服务》2016年第10期。另，根据2020年公布《杭州市法律援助经费使用管理办法》，办案补贴有所调整。

有节余，物质生活的压力迫使他们将精力更多的投入到私人业务中，而对于值班律师的工作敷衍了事，毫无积极性可言。

其次是权利保障不足和责任分配不清。在认罪认罚案件中，若因值班律师的工作失误导致被追诉人接受认罪认罚的结果，该责任完全由值班律师承担似乎稍有不妥。毕竟值班律师不能如委托律师一样投入全部精力到具体个案中，很多律师产生了“不做不错，多做多错”的思想，不会就案件实体问题发表意见，仅就一些无关紧要的表面问题给出建议。如此一来，既保证提供了“法律服务”，又能避免承担责任。再看另一类极端现象，在认罪案件中，值班律师更多是充当了见证人的角色，值班律师往往没有参与认罪认罚的协商过程，也没有经过阅卷、会见等深入了解案件信息的过程，只是在被追诉人和检察官双方签署具结书的场合出现，见证具结过程合法。可以说，这只是给公诉机关办案合法性做了背书而已。这种情况下，如果案件在后续审判程序中发现事实或证据存在问题，抑或被追诉人反悔称认罪认罚是出于非自愿的，系受到逼迫，那么值班律师这一“背书”行为该如何理解，是否需要承担责任，又是否存在失职的过失。这是很多律师担心的问题。由于缺乏后续的权利保障，实践中很多律师不愿意参与认罪认罚案件。尤其是前期没有参与，只在具结环节出席的值班律师。个别值班律师甚至直接拒绝在具结书上签字，正是源于对自身职业风险的担忧。

2.3.4.2 行业监督不足

毋庸讳言，当前缺乏对值班律师的有力监管。尽管《值班律师工作意见》作出值班律师执业行为和职业伦理的禁止性规定，要求对值班律师在工作中违反职业道德和纪律的行为依法依规处罚，[①] 但却没有细化具体的监管方式，以及缺少具有梯度性的惩戒办法，衍生了实践中值班律师肆意履职及工作态度欠佳、工作质量不高等弊端。其中，一种现象是某些值班律师在提供法律帮助的时候，故意灌输给被追诉人模糊的法律认识。具体而言，即不清楚告知其认罪认罚的性质和法律后果，使被追诉人认识不到认罪认罚会带来明确的量刑优惠，而是暗示其不要适用简化的诉讼程序，而是按照普通程序审理更有利于其无罪或罪轻辩护。取得被追诉人信任后，在非值班律师工作时间内接受其家属的委托成为辩护人，收取比值班律师补贴高出几倍的诉讼代理费用。这种利用值班律师身份之便招揽客户的做法，不仅损害了被追诉人可预期的诉讼收益，破坏了认罪认罚从宽制度的实施，而且极大动摇了我国刚刚建立起来的值班律师制度之公信力。与之相对的另一种现象则更为普遍，就是值班律师工作态度不端正，敷衍履职。一方面，值班律师对于被帮助者缺乏责任心，认为其并不是自己的当事人而无须负责，也没有相应的惩戒机制需要

① 参见最高人民法院、最高人民检察院、公安部、国家安全部与司法部《关于开展法律援助值班律师工作的意见》第6、7条。

顾忌。另一方面，工作量的繁重也使得值班律师精力分散，对于被追诉人提出的法律帮助请求只给予最简单肤浅的解答，而不是在了解基本案情基础上尽其所能提供合理化建议。值班律师制度作为新生事物在我国正处于推广和宣传阶段，若想真正发挥制度功能，必须取得广大犯罪嫌疑人、被告人的信任。毫不夸张地讲，这也是对整个制度和值班律师群体的信任。因此，必要的监管体系必须予以尽快建立。藉由细化惩戒梯度及办法，以填补制度空缺，从制度根源上防止值班律师滥用职权及不认真履责等现象。

第3章　值班律师的功能辨析

通过前文的论述，值班律师制度与中国刑事司法体系的演进之间，已然被勾勒出了相对清晰的脉络与图式。而接下来需要予以明确的，便是中国的值班律师究竟为何角色的命题。从理论视域切入，此一章节将对其具体的功能定位予以梳理。当然，值班律师的功能指向之所以内嵌了鲜明的问题导向，恰恰佐证了多元论争的存续。

3.1 值班律师角色纷争的症结

在我国，值班律师制度自生成之时起，其地位的纷争便一直没有停息过。尤其需要注意的，即值班律师是否具有辩护人属性之疑惑，始终就未能形成定论。从根本上，值班律师的定位不仅仅是个学术问题，更是关于制度定性及其如何发展的应用性事项。同时，其结论指向亦关乎我国辩护制度的未来前景。

3.1.1 值班律师之角色分说

在这里，首先笔者根据现有公开发表的学术成果，为值班律师的定性归纳出以下四种主要学说抑或观点类型。

3.1.1.1 程序监督者说

所谓的"程序监督者说"，其实更倾向于值班律师的见证功能，司法实务界人士多持有这一观点。[①] 在认罪认罚从宽制度改革的推行进程中，这一观点的彰示尤为明显。部分检察官认为自身有能力把握案件事实、证据是否充分、扎实，也会在刑法规定的幅度内给予被追诉人合理的量刑建议，而根本不需要值班律师过分的介入甚至参与相关讨论，只是希冀于值班律师见证具结书的签署过程，以证明犯罪嫌疑人、被告人系出于自愿表态认罪认罚，且程序运行符合法律规范之要求。而部分律师则认为，就值班律师的五项基本职能而言，"申请变更强制措施"和"提出量刑建议"对应的具体工作大致是羁押必要性审查申请以及罪轻辩护，属于社会律师的主要工作来源，可以获得高额的利润。倘若值班律师也具备这些职能，一定程度上会损害社会律师的利益，不免有国家藉由司法行政权侵占市场份额之嫌。总体来说，这一种学说观点更多聚焦于实务部门的现实需求和利益驱动。

---

① 实务部门认为"将值班律师定位为见证律师，通过形式监督，见证与排除公安讯问、检察提审、法院庭审时不存在违法情形，规范执法行为应当是值班律师的核心职责。"参见孙军、樊华中：《认罪认罚从宽制度中值班律师的职责定位——以上海市工作开展情况为基础》，载韩大元等主编：《认罪认罚的理论与实践——第十三届国家高级检察官论坛论文集》，中国检察出版社 2017 年版。

3.1.1.2 法律帮助者说

涉及值班律师的规定，一系列规范文件以及刑事诉讼法的落脚点都是“法律帮助”，有意将值班律师定位为法律帮助者。而“法律帮助者”与辩护人却是难以同日而语的，其原因可追溯至某些历史根源。“法律帮助者”这一称谓起源于1996年《刑事诉讼法》的第96条。[①] 从文本观察，可以得出法律层面允许律师在侦查阶段介入并提供法律咨询和代理申诉、控告之论断；但并没有明确此时律师的行为是不是属于一种辩护行为。加之当时的第33条规定，自案件审查起诉之日起犯罪嫌疑人才有权委托辩护人，进而坐实了前述条款中的律师根本不具有辩护人身份，且行使的亦非辩护行为。那么究竟应当如何定位这里的侦查阶段律师参与呢？学界彼时的主要观点便将其定位为“法律帮助者”。而一旦定位为法律帮助者，就意味着侦查阶段的律师难以享有辩护人的地位和全部权利，无异于被束缚住了手脚。某种程度上，这也反映了当时人权保障价值与传统追诉犯罪至上理念之间的博弈与角力。2012年《刑事诉讼法》则首度明确规定了犯罪嫌疑人自第一次讯问或采

---

① 1996年修改后的《刑事诉讼法》第96条规定：犯罪嫌疑人在被侦查机关第一次讯问后或者采取强制措施之日起，可以聘请律师为其提供法律咨询、代理申诉、控告。

取强制措施之日可以委托律师作为辩护人。[①] 据此，律师在侦查阶段享有辩护人地位。于是，“法律帮助者”便成为一个历史概念，直到时下值班律师制度的出台，这一概念又再度在法律文件中重现并引发了激烈的讨论。

通过剖析立法渊源的主观意图，笔者认为值班律师被其定位为“法律帮助者”而非辩护人恐怕出自两个维度上的因由。一方面，值班律师与被帮助者之间并不存在委托关系。《刑事诉讼法》中就明确规定，值班律师提供法律帮助的前提是在犯罪嫌疑人、被告人无辩护人的情况下才由值班律师提供帮助。相形之下，传统的辩护人角色在为被追诉人提供辩护服务之前，需要与之签订委托辩护合同，而犯罪嫌疑人、被告人却无必要与值班律师签订委托辩护合同。不难看出，他们之间并无明确的权利义务关系。与辩护律师相比，值班律师代表了一次性、一站式的执业形态。在工作模式上，基于职业行为的传统认知，辩护律师多系主动会见被追诉人；而律师值班则是被动等待被追诉人的寻求咨询。从字面含义上，“值班”二字顾名思义指向了律师以固定时间和地点的方式，以满足被追诉人之咨询诉求，而排斥追踪参与案件整个流程的“保姆式”服务。另一方面，从职能的角度讲，法律仅规定了值班律师

① 2012 年修改后的《刑事诉讼法》第 33 条第 1 款规定：“犯罪嫌疑人在被侦查机关第一次讯问后或者采取强制措施之日起，有权委托辩护人；在侦查期间，只能委托律师作为辩护人。被告人有权随时委托辩护人。”

的五种职能。这就意味着，就覆盖半径而言，其自然是远远小于辩护律师的。从辩护人的角度来说，会见权、阅卷权和调查取证权是其最基本的核心权利，也是行使有效辩护的支持来源。鉴于值班律师缺乏辩护律师的诸多权利，仅将其定位为临时帮扶之角色也就情有可原了。即在尚未聘请律师或尚未指定法律援助律师作为辩护人的过程中，只是起过渡作用的临时性律师；或者在没有辩护人的案件中就某些法律问题提供即时解答。如此定位值班律师，一方面是基于其执业方式的及时性所作的判断；另一方面则是由值班律师与犯罪嫌疑人、被告人之间的现实关系所左右，即本质上非基于委托的法律帮助状态。

也有部分学者对这一定位颇为认同，主张我国现下对值班律师制度的研究多受限于认罪认罚从宽的制度框架，却不免忽视了对此一制度本身的细致考量。具体来说，应当充分发挥值班律师在刑事诉讼早期的帮助功能，而不宜仅以其取代传统的法律援助律师之服务方式。[①] 在宏观上，应当打造多层次的法律援助格局，并将值班律师定位为诉讼早期供给法律帮助的临时性机制，进而扩大传统法律援助的影响范围，使之内部彼此呼应，以形成有层次、有格局的法律援助体系。

---

① 参见吴宏耀：《我国值班律师制度的法律定位及其制度构建》，载《法学杂志》2018 年第 9 期。

3.1.1.3 辩护人

事实上，学界对于值班律师制度的讨论，确实往往拘泥于认罪认罚从宽的制度模型内。而不少观点则认为，应当将认罪认罚案件中的值班律师定位为辩护人角色。当然，也有一些学者从制度本身的理论导向出发，论述值班律师与辩护人地位之间的正当性联系。在这里，笔者选取一些比较有代表性的观点予以介绍。

第一，值班律师的工作性质与传统的辩护律师别无二致。有学者认为，值班律师是法律援助制度下一种特殊的辩护律师。[①] 具体而言，值班律师在工作性质和其所提供的法律服务内容等方面，与委托律师、其他法律援助律师存在大量职能的重复。更何况法律援助律师在我国的刑事诉讼活动中，历来享有辩护人之地位。还有学者分析立法体例，发现值班律师制度规定在第四章“辩护与代理”之下，得出值班律师提供的法律帮助属于辩护的范畴，只是职能行使的范围较小。[②] 应当以此运用类推之方法手段，值班律师当然也应该具有辩护人的身份地位。而在实践层面，将值班律师定位为辩护人的做法，也可昭示辩护制度及法律援助制度的历史发展脉络。众所周知，我国目前刑事辩护率总体低迷，法律援助辩护率就更加不遑多论了。

① 参见顾永忠、李逍遥：《论我国值班律师的应然定位》，载《湖南科技大学学报（社会科学版）》2017 年第 4 期。

② 参见汪海燕：《三重悖离：认罪认罚从宽程序中值班律师制度的困境》，载《法学杂志》2019 年第 12 期。

这种情势显然不利于被追诉人诉讼权利的保障，特别是在认罪认罚案件中，更会加剧控辩之间的失衡态势，故而赋予值班律师辩护人地位无疑是缓解上述困窘的一剂良方。

第二，从域外经验也可得出类似的结论。虽然域外的值班律师制度在主要功能上体现为提供应急性、临时性的法律帮助，以弥补法律援助制度在侦查初期的覆盖面积之不足。但实践中的状况却不仅限于此，值班律师的法律服务往往具有多样性。概括起来，主要有如下四种功能：①法律咨询（legal service）。这是最被广为人知的一项职能。具有代表性的系英国和加拿大的24小时免费咨询热线，即任何因刑事犯罪被羁押或逮捕的犯罪嫌疑人均可免费获得电话法律帮助。②辩护或代理服务（defense or agency service）。在英国，法庭值班律师可以为没有代理律师的被告人，在首次开庭日提供代理服务。在澳大利亚，被告人则会在开庭当日得到法庭值班律师的帮助，必要的时候也能够提供出庭服务。③协助性服务（assistive service）。在加拿大、澳大利亚、新西兰等国家，值班律师还提供代为申请保释、申请休庭、参与辩诉交易和申请延期审理等服务。④信息服务（information service）。这种服务类型相当于权利义务告知。例如，值班律师在开庭前会告知被告人需要准备哪些事项，可以行使哪些权利等。通过梳理域外的制度类型，可以发现域外国家一般是在法律援助高度发达的基础上，进一步塑造体系化的值班律师制度，旨在弥补原有制度的滞后性和资源有限性。但这也并不排斥值班律师的辩护功能，尤其是在某些紧急情况下，其甚至可以扮演传统法律援助律师的替补角色，来行使辩护职能。

第三，从国际文件和某些域外国家的法律用语可以看出，法律帮助与辩护行为之间是难以割裂的。现在，我们不妨对联合国《公民权利与政治权利国际公约》第14条中关于公正审判权的规定加以解构。[①] 其中，中文“法律援助”的英语表述为“legal assistance”，也可译为“法律帮助”，包括了“由他自己所选择的法律援助（legal assistance of his own choosing）进行辩护”和“为他指定法律援助（to have legal assistance assigned to him）”两个部分。从内容和逻辑上来看，其中的“法律援助（legal assistance）”应该可以译为“律师帮助”或“律师辩护”。美国宪法第六修正案规定被告人享有获得律师帮助的权利（In all criminal prosecutions, the accused shall enjoy the right to have the assistance of counsel for his defense.）通常这句话被表述为律师帮助权的内核，但是此类法律帮助更多聚焦为所谓提供辩护的帮助。在加拿大，警察必须告知被逮捕或拘留的人，其有获得律师帮助权（又称 brydges 权利），

---

① 其中第三项关于“在判定对他提出的任何刑事指控时，人人完全平等地有资格享受以下的最低限度的保证”所列举的（乙）项为“受指控者应当有相当时间和便利准备他的辩护并与他自己选择的律师联络”，（丁）项为“出席受审并亲自替自己辩护或经由他自己所选择的法律援助（legal assistance of his own choosing）进行辩护；如果他没有法律援助，要通知他享有这种权利；在司法利益有此需要的案件中，为他指定法律援助（to have legal assistance assigned to him），而在他没有足够能力偿付法律援助的案件中，不要他自己付费”。

包括有权聘请律师、申请法律援助以及获得值班律师的法律帮助。[①] 由此可以看出，法律帮助权不仅限于律师辩护权。综上，在国际和域外规定中，无论是哪种形式的法律帮助，即自己委托、政府指派抑或提供临时性的服务，都可以用 assistance 来指代与表达。“法律帮助”与“法律援助”、“辩护”是无法割裂和共通的词汇。而在我国也不应该机械地将这几个中文术语进行严格区别。人为制造“法律帮助”与“辩护”之间的隔阂关系，不过只是一叶障目的僵化认知罢了。

3.1.1.4 准辩护人

这种观点认为，值班律师有着自身开展活动的某些特殊性，特别是其无法与当事人签订专门的委托代理合同，故不存在基于代理合同而派生的权利义务。因此，不能简单直接地将其定位为辩护律师，可以折中的给予“准辩护人”定位。此一观点所设想的方案是赋予值班律师在不同诉讼阶段享有不同的身份定位。侦查阶段对应“法律帮助者”身份，值班律师在侦查阶段主要提供法律咨询服务，不会涉及对定罪量刑等实体问题与检察机关进行协商沟通，何况辩护人在侦查阶段也不享有阅卷权，因而无需给予值班律师在侦查阶段的辩护人地位。而从辩护权的内部关系出发，在审查起诉与审判阶段则可以考虑赋予值班律师以

---

① 参见宋英辉、孙长永、朴宗根：《外国刑事诉讼法》，北京大学出版社 2011 年版，第 127 页。

"准辩护人"的身份，允许其调查取证和查阅卷宗，并在此基础上充分发挥其诉讼监督和量刑协商等程序性功能。[①]

现在我们不妨稍作小结。在笔者看来，值班律师享有辩护人的角色定位似乎更加妥帖。诚然，其他三种观点都有一定的合理性，却也多少忽视了制度本身的功能指向，并且割裂了辩护行为在不同阶段的表达方式。笔者认为，权衡这一问题，首先应当从制度本土化的角度入手，即暂不考虑域外是如何应用值班律师的，也无需斟酌其在实践中的冲突与困难。而只需单纯着眼于值班律师在我国要解决哪些现实问题即可。

3.1.2 制度功能与角色定位的辩证关系

笔者认为，制度功能是角色定位的决定因素，而角色定位则是制度功能发挥的前提条件，这是二者之间的辩证关系。结合本书的语境，为什么说制度功能是角色定位的决定因素呢？承继上文，意欲争辩值班律师"是什么"，就要看法律规定的职责要他"干什么"，并为其"干什么"提供了何种保障。[②] 首先可以肯定的是，值班律师的制度功能必然涵盖了对速裁和认罪认罚从宽制度中律师帮助缺位问题的回应；而后在刑事案件律师辩护全覆盖试点中，

---

① 参见姚莉：《认罪认罚程序中值班律师的角色与功能》，载《法商研究》2017 年第 6 期。

② 参见顾永忠：《以刑事审判为突破口带动刑事案件律师辩护全覆盖试点向纵深发展》，载《中国律师》2019 年第 2 期。

似乎又力求将值班律师作为一种辩护的主要来源，提升至与传统辩护人并重的地位。那么，这样一种制度安排到底是要值班律师“干什么”呢？毫无疑问，这是将值班律师与辩护律师的功能趋同化，以比照辩护律师之“有效辩护”的规格来保障有效的法律帮助水准；或者说，其实二者从事的工作内容并非大相径庭。毋庸讳言，值班律师在我国实际上扮演着辩护人的角色。

此外，随着辩护理论的不断精进，其在范围上已然涵盖了值班律师的职责框架。过往，传统的刑事诉讼理论偏重于将辩护权框定在审判环节，更有甚者，庭审上也只是围绕定罪量刑进行实体性辩驳，而忽视了程序事项的辩护以及审前阶段的前置性防御。随着程序辩护理论的勃兴，加之非法证据排除规则的愈发细化完善，程序性辩护的运用则越来越受到重视。同时，审前辩护的重要价值亦得以凸显。其实，审前阶段是证据收集、事实认定的关键环节。如果缺失了以律师为代表的专业人士加以分辨，并及时提出程序性辩护，诸如排除非法证据以免污染法庭，指望被追诉人自己发现其中的症结显然是一种奢望。再比如，律师对强制措施适用的变更申请，也体现了审前阶段对被追诉人基本权利的保护。总之，相关规范性文件所指涉的值班律师之五类职责，即法律咨询、程序选择建议、申请变更强制措施、为非法证据代理申诉、控告、对案件处理提出意见，基本上均系属于当代意义的辩护行为，且没有超出辩护理论的范畴。辩护制度发展趋势的内在要求，决定了值班律师作为两种传统辩护人的重要补充，也应当具备类似的功能和价值。因此，值班律师的制度功能决定了其定位不仅仅是法律帮助者，而更应该是辩护人。

反过来说，角色定位又是制度功能发挥的前提条件。在诉讼场域中，角色定位不仅具有表明身份之作用，更暗含了与之配套的权利与责任。回归到值班律师这一对象上，其定位决定了自身拥有哪些权利和职能，以及能否发挥上述的制度功能。若将其定位为程序监督者，那么值班律师将不具有主动提供法律服务的属性。在认罪认罚从宽程序中，值班律师也只是负责见证程序合法，而并无权利对定罪量刑发表意见，更不能审查被追诉人认罪认罚的自愿性。这显然不符合认罪认罚从宽制度的精神，丝毫没有体现控辩平等协商的基本价值。故而，这一观点也直接被修订后的刑事诉讼法所摒弃。根据《刑事诉讼法》第 173 条规定，检察机关在审查案件时应当听取辩护人或值班律师的意见。这一条款的立法目的，直言不讳地指向了防止值班律师的“见证人化”。

“法律帮助者”的定位似乎匹配了值班律师制度的部分原始功能，即侦查初期提供应急性、临时性之法律帮助。而我国值班律师参与案件和诉讼程序的深度与复杂度却远甚于此。究其原因，基础性的法律咨询和帮助，根本不足以应付诉讼制度改革对值班律师提出的制度需求。由于法律帮助者必然不具备辩护人的全部诉讼权利，那么就会直接导致诸如阅卷权、会见权等权利无法正当行使，更难以保证认罪认罚案件中定罪量刑的准确性，以及被追诉人认罪认罚的真实性。没有辩护人地位的值班律师好比折翼之鹰，再凶悍也终究无法驰骋长空。而且，“法律帮助者”归根结底不过是为逐步消弭侦查中心主义而出现的过渡性称谓，系一面强化辩护权、一面又控制权利行使的矛盾操作，并不具有符合国际视野的参考价值。

再看所谓准辩护人的定位。其虽然部分肯定了值班律师的辩护人属性，并认为在审查起诉和审判阶段其应当具有辩护人地位，以享有相应的诉讼权利，进而保证认罪认罚案件中的被追诉人真正得到有效的法律帮助；但是却忽视了侦查阶段值班律师所应发挥的程序辩护功能。例如在《值班律师工作意见》与《关于办理刑事案件严格排除非法证据若干问题的规定》中，均规定了值班律师可以对“对刑讯逼供、非法取证情形代理申诉、控告”，[①] 就是非常典型的程序性辩护行为。尽管辩护行为在不同诉讼阶段的表现方式不尽相同，但都是辩护制度的应有内涵。一言以蔽之，制度功能与角色定位是一对辩证的概念，应从制度功能的层面来考虑值班律师的定位；反之，角色定位又直接影响制度功能的发挥，故二者是相辅相成的关系。

---

① 参见最高人民法院、最高人民检察院、公安部、国家安全部、司法部联合发布的《关于办理刑事案件严格排除非法证据若干问题的规定》第 19 条、《关于开展法律援助制度律师工作的意见》第 2 条。

3.2 辩护人属性之逻辑证成

从实用主义的观点出发，一项制度的创立必然是诉诸于解决某一领域内的实际问题，以达到某种良好的社会治理效果，因此制度的属性势必要迎合和契合其所欲达成的功能预期。这是对制度本质把握的第一个层次。而在第二个层次，即更深层次，则应当满足于对理论根基的探索。“离开一项制度赖以存在的理论基础而谈对这一制度的严格把握无异于缘木求鱼。”[①] 此一论点对值班律师制度亦然，要明白其究竟是什么，不仅要清楚它来干什么，更应当探究它来自哪里。

3.2.1 权利来源于被追诉人

从刑事诉讼整体的历史进程观察，对于诉讼主体的探讨主要都是聚焦于被追诉人，且专门针对中世纪末期欧洲大陆盛行的纠问式诉讼程序中被告人沦为诉讼客体之反思和批判而衍生的。[②] 现代的刑事诉讼主体论特别强调了犯罪嫌疑人、被告人的主体地位，主张程序的开展务必以此为前提。某种程度上，现代刑事诉讼法就是“限权法”，

---

① 熊秋红：《论刑事辩护制度之理论基础（上）》，《政法论坛》1997 年第 1 期。

② 参见刘涛：《刑事诉讼主体论》，中国人民公安大学出版社 2004 年版，第 19 页。

其中大部分规范内容都着眼于限制国家权力的滥用。而在追究个人责任的时候，所有的权力行为都要遵循法律设定的程序来加以操作；否则，倘若达不到合法性标准就要由国家机关承担不利后果。例如，如果达不到起诉的证明标准，追诉机关当然就不能继续推进起诉活动；而达不到定罪标准，法院也不得判决被告人有罪；侦查机关违反了取证讯问的合法性规定，其所收集的证据就有被排除弃用的风险。相应的，限制国家权力行使方式的目标和效果，就是要保护权力相对人——也就是被追诉人——的基本权利。不可否认，刑事诉讼的演进过程就是被追诉人权利范围不断扩大、保障机制日臻完善的历史周期。从空间层面审视，被追诉人的权利因法域不同而有大小之分别。一般而言，诉讼文明程度越高的法域地区，被追诉人的权利外延越大，其所受到的保护也就越完善。随着时间的推移，被追诉人的权利外延持续膨胀，各国也在互相借鉴和学习中呈现共同的积极变化。不论权利在外观上如何变化，其内在核心仍然是围绕着自身的防御权而开展。换言之，被追诉人在程序流转中享有一系列的防御权能。其中的一部分会内化给自己行使，例如沉默权；可主要的表现形式还是会外化为辩护律师的权利。这种外化权利多来自于被告人的固有权利——获得法律帮助权。通过赋予辩护律师相应的权利来维护自身的诉讼利益，是被追诉人的固有权利所派生的辩护律师之权利；相反，辩护律师在诉讼程序中的辩护行为，也都应是以维护被追诉人权益为初衷。从这个角度分析，值班律师的职能与传统法律援助律师一脉相承。在西方国家，值班律师享有的重要职能反映为，侦查初期警察讯问犯罪嫌疑人时出席，以保障犯罪嫌疑人沉默权的行使不受滋扰甚至侵犯，直到有辩护律师来接替值班律师继续保护被追诉人的各项权利。可见，值班律师制度只是进一步扩展了律师提供法律帮助的方式，且覆盖关键诉讼时间节点，其权利来源仍是被追诉人的防御权。因此，值班律师制度脱胎于辩护制度，权利来源于被追诉人，是犯罪嫌疑人、被告人辩护权不断扩张的表现。

3.2.2 价值基点为权利保障

各国建立值班律师的逻辑起点，均系保障身处诉讼中不利地位的犯罪嫌疑人、被告人能够获得“最低限度的法律意见”，从而让他们能够免费的、不受审查的、快速的寻求到法律帮助。这也是各国将值班律师制度纳入法律援助范畴的原因。其实严格来说，这样的制度安排可以追溯于宪法规范所追求的平等价值。某种程度上，甚至足以上升至社会福利政策层面的政治高度。律师制度存在于刑事诉讼程序中，最容易放大社会不平等现实之争议，即所谓的财富效应。对于经济宽裕者而言，即便涉嫌犯罪也可通过在市场购买较高水准的律师服务，以求在国家追诉的局面下尽可能全身而退。而对那些生活条件堪忧者来说，刑事流程的启动更多时候意味着自己只能孤军奋战，而默认在公共权力面前的弱势地位。很明显，此类现象的存在不可能仅归咎于诉讼程序本身的设计妥当性。事实上，正当程序理念在辩护制度上渗透越深入，这种现象倒有可能愈发严重。换言之，这其实是社会不公投射到了司法领域。对此，总不可能通过剥夺富人群体的律师辩护权来予以处置。根本的解决之道还在于社会福利政策的积极拓展，值班律师制度正好具有代表性。对于无力承担委托行为的个体来说，值班律师代表了国家给予公民的一种公共服务。藉由无死角式的服务供给，值班律师的专业帮扶无需以个人地位及资产等指标来加以衡量，最终的买单者只能是国家和政府。大体而言，域外国家外化防御权的实现经历了三个阶段：当事人付费委托辩护律师阶段、国家指派免费法律援助辩护律师阶段，再到由国家免费提供值班律师提供应急性法律服务阶段。从法律服务的个人负担到国家责任再到国家责任优化升级，不仅为符合法律援助条件的被追诉人免费提供辩护律师，进一步扩大到所有被追诉人可以获得免费、及时的法律帮助。西方国家法律援助制度发达，基本上犯罪嫌疑人接受值班律师的帮助后，都会得到正式的辩护律师，值班律师主要适用于侦查早期还没有辩护律师的时候，比如警察讯问时。如此一来，值班律师与委托律师、法律援助律师衔接得当，完整覆盖了被追诉人全部诉讼程序的关键节点。

3.2.3 结构主义视角下的辩方力量

在现代刑事诉讼中，控诉、辩护和审判是三个最基本的诉讼要素和职能，并作为程序模型的基本支点而存续。刑事诉讼结构是指刑事诉讼中控诉、辩护和审判三方诉讼主体的诉讼地位和法律关系。① 部分学者通过对诉讼模式的理论研究，认为近乎于三角形的程序布局最为科学和稳固，且足以反映出控辩审三者之间行为模式的本质。这三大要素所形成的三角型结构，正是区别于“命令——服从”模式行政管理结构的决定性特征。代表三角构造顶点的是审判权，而下面两个角分别指涉的为控诉和辩护。后二者的彼此对立，往往被解读为控辩对抗；而法官的居中裁判，则是为了凸显审判的中心地位。此外，更有学者指出最佳的诉讼结构应该为等腰三角形。“等腰”的数学含义是两个底脚度数相等，意味着控辩平等。二者与法官的距离和角度一样，表示法官不偏不倚居中裁判。理论规划往往具有一定的想象成分，但是实际情况却并非如此。刑事诉讼是国家代替个人追诉犯罪，是一种国家责任的体现。而被追诉的一方大多为个人。很显然，这场国家对个人的竞技，首先是主体性质的不对等，其次便是手段和资源的不对等。追诉机关拥有的是国家所赋予的权力，对于资源的占有和调取具有天然的优势，个人力量势必难以匹敌。因此，现代刑事诉讼的价值理念一方面是追诉犯罪，另一方面是保障人权。具体来说，就是辩护权。这里的辩护权

---

① 参见陈卫东主编：《刑事诉讼基础理论十四讲》，中国法制出版社2011年版，第52页。

应当做广义的理解，即犯罪嫌疑人、被告人以及辩护律师为维护己方利益进行的全部防御活动。当然，这些活动既存在于审判阶段，也存在于审前阶段；既包括实体性权益，亦囊括了程序性权利。通过壮大辩护力量使之能够趋于与控诉力量平衡，便足以保持等腰三角形的稳定。从刑事诉讼职能结构来看，值班律师承担的只能是辩护职能。[①] 这恐怕也是唯一的选择，否则的话，倾向任何其他两方，都会令被追诉人陷于山穷水尽的险境。

近些年来，辩护权的概念在我国已经得到了全面的丰富和升华。从内容上，原来单一的实体性辩护思路已然进化至实体和程序辩护并重的程度。2012 年修改《刑事诉讼法》时，立法机关就将“维护犯罪嫌疑人、被告人的合法利益”修改为“维护犯罪嫌疑人、被告人的诉讼权利和其他合法利益”，表明我国已经进入程序辩护的时代。

从阶段上，伴随着非法证据排除规则的愈发完善，审前辩护也越来越得到重视。人们对辩护的认知不再只停留在庭审上律师的雄辩，而拓展至侦查和起诉阶段，尤其是律师每一次针对程序合法性、证据资格等事项，提出的质疑以及作出的纠偏努力。人们逐渐意识到审前阶段的辩护与审判阶段同样重要，甚至前者的意义更为重大。究其原因，这是由于审前阶段的证据收集、处理意见很大程度上

---

① 谭世贵：《“刑事诉讼制度改革背景下值班律师制度的构建”研讨会综述》，载《中国司法》2017 年第 6 期。

决定了案件在审判阶段的最终走向。对于非法取证等违背程序正义的行为必须及早发现和制止，以防对后续程序造成不良影响。因此，除了庭审阶段对定罪量刑的实体性防御之外，审前阶段对于诉讼权利以及其他合法利益的辩护，同样归属于辩护行为。

也正是因为刑事诉讼观和辩护观的上述发展，我们的改革需要建立值班律师制度。其实，从辩护内涵的角度更容易为值班律师定性。值班律师的工作内容既包括了申请变更强制措施、对非法证据代为申诉、控告等程序性事项，也包括提供法律咨询、对案件处理提出意见等实体性事项，而且其主要活跃在审前阶段。这些特质均没有超出当前辩护制度的内涵范畴，而且与传统辩护律师的在侦查和审查起诉阶段的职责几乎是完全同质化的。有一种观点认为，《值班律师工作意见》明确规定了值班律师不提供出庭服务，故而不能将其视为辩护人。但是传统辩护律师在审前阶段也不出庭，难道说在侦查、审查起诉阶段的委托律师和法律援助指定律师也都不是辩护人吗？这显然是于理不通的。

3.2.4 诉讼阶段视角下的职能承继

中国的刑事诉讼制度带有鲜明的纵向特质，即呈现阶段性发展的趋势。而在每一个程序环节，都有相应的司法机关主导权力运行。具体来说，公安机关、检察机关以及法院分别掌控了侦查、审查起诉和审判阶段。表面上看，这是再普通不过的程序架构，可其间却蕴藏着权力失衡的风险。任何一个时间节点出现了权能恣意行事之迹象，都将导致被追诉人的利益受损。而局部性的法律帮助缺位，亦不免触发整体态势的异动。为此，辩护权的持续存在就显得尤为重要。但令人遗憾的是，以委托形式生成的自主性选择，很难展现出全方位的覆盖幅度。也就是说，大多数情况下，被追诉人可能要在一些诉讼阶段处于孤立无援的状态。而这样的状况在审前环节则异常突出，辩护律师的迟滞介入不可能不影响到防御效果。因此，值班律师得以设立很大程度是源于弥补传统法律援助制度在审前阶段的缺失的现状。换言之，可以将值班律师制度理解为诉讼早期的法律援助制度。从逻辑出发，早期的值班律师与后续的法律援助，或者自行委托律师行为体现为时间上的先后关系，代表了辩护职能的承继。而侦查阶段的法律帮助与审查起诉及审判阶段的法律帮助在性质上也并无二致，均是辩护权的投射。除了被追诉人本人之外，辩护人是辩护权实现的最主要的、也是唯一主体，其性质不应随着诉讼阶段和时间的改变而作出不同理解。应当看到，值班律师解决的是刑事辩护全诉讼流程覆盖要求下的“最初一公里”空白。它是贯穿于刑事诉讼各阶段辩护制度的一个组成部分，不能将其与后续辩护行为割裂开，抑或单独成为一项孤立的法律制度。

3.3 破解路径：值班律师制度的二重功能

在我国，值班律师制度最早是在速裁程序和认罪认罚从宽制度的改革试点中被正式确定下来的，而后适用范围才扩大到所有案件及其全部诉讼阶段。此外，这一创设举措还被应用到刑事案件律师辩护全覆盖的制度改革中，充当了刑事辩护的中坚力量，直至上升为法律位阶。以时下值班律师制度在司法实践中出现的频率之高、覆盖面之广，不难看出其对于我国改革诉讼制度及解决司法难题的战略意义，更遑论其在许多新型诉讼程序中也将扮演越来越重要的角色。大量案件迫切需要值班律师的有效参与，以促进公正审判目标的达成。值班律师除了向全部没有辩护人参与的案件中的被追诉人提供基本法律咨询、程序选择建议之外，还要深度介入确保认罪认罚自愿性及真实性。此外，对于不认罪案件，值班律师可以及时帮助在押的被追诉人提出申诉、控告，客观上促进非法证据排除制度的贯彻落实。毋庸置疑，我国在法律借鉴的过程中扩充了值班律师的职能，使之更能匹配我国当下制度改革的需求，但是亦不免稍微偏离了域外对值班律师制度的传统定位。为了更好地理解我国值班律师制度的实际功能，笔者以是否对案件存有实质性帮助为标准，将值班律师的功能分为基础功能和延伸功能。其中，基础功能倾向于一般的法律咨询以及程序性帮助，也是域外值班律师制度的主要样态。

而延伸功能则指值班律师近乎辩护人的职能和角色，其在我国的诉讼制度中发挥着类似于“有效辩护”的价值功能。

3.3.1 值班律师的基础功能指向

值班律师的基础功能代表了一种本源状态，也较少存在外部的争议。对于此部分内容，域外的经验提供了较为完整的借鉴范本，值得加以深入挖掘，从而夯实我国值班律师的基本功能导向。

3.3.1.1 域外值班律师制度的法律功能

一般认为，值班律师制度起源于英国。之后被加拿大、新西兰、澳大利亚等国相继引入。总体来说，在这些国家和地区，值班律师主要负责为涉嫌被指控犯罪的人，在侦查初期和首次开庭日时没有委托辩护律师的情况下免费提供法律服务。上述法域中值班律师所共通的职能，系提供法律咨询、帮助申请保释等基础性和程序性法律问题，但具体诉诸服务内容的诉讼阶段及法律服务的细节性内容，则因各国和地区进行制度移植或发展成熟度的差异而有所不同。对此，笔者选取了其中几个具有代表性的国家予以介绍和比较。

首先是在英国，有两种值班律师计划的并行运作：法庭值班律师和警局值班律师。1982 年《法律援助法》（Legal Aid Act）首先规定了治安法院中的值班律师计划，其职责包括被指控犯罪的人在治安法院初次聆讯时向其提供法律建议、帮助申请法律援助和保释等。会见值班律师的权利同样适用于被羁押或保释的被告人，但是此项权利有一个限制——即如果被告人获得保释并且被指控的犯罪不会被处以监禁刑，那么其无权请求值班律师的帮助。也就是说，在法院审判阶段，可能被判处监禁刑以下刑罚（缓刑、罚金、社区服务等）的案件不允许值班律师的参与；而只有那些可能判处监禁刑，并威胁到被告人人身自由的案件才可以享受值班律师的免费服务。上述安排也是出于提高服务效率和节省值班律师资源的考量。在《法律援助法》出台两年之后，1984 年《警察和刑事证据法》（Police and Criminal Evidence Act）将值班律师计划延伸至警察局，其中 s. 58（1）规定“被逮捕后在警察局和其他地方羁押的犯罪嫌疑人，在提出申请的情况下，有权在任何时候单独会见值班律师。”警局值班律师提供服务的形式有电话咨询和赴警局开展面对面咨询两种情状。前者主要负责为当事人提供初步的法律建议，以及判断是否有必要亲自前往警局；后者则主要体现为赴警局会见犯罪嫌疑人、讯问犯罪嫌疑人时在场以及帮助申请法律援助等事项。与法庭值班律师不同的是，警局值班律师为所有的犯罪嫌疑人提供法律帮助，无论其所涉嫌的犯罪如何以及是否会被判处监禁刑，并且在整个侦查期间犯罪嫌疑人都享受此项权利。

在加拿大，值班律师制度甚至被载入宪法作为被追诉人法律帮助权的保障依据，可见其极具重要意义。加拿大值班律师的分类比较广泛，发展也较为完善，不仅限于刑事犯罪领域，还包括未成年人案件、家事和移民案件等。在该国，值班律师有三种形式。一是刑事电话咨询值班律师，即“布里奇斯值班律师”（Brydges duty counsel service）。其提供被拘留和羁押的犯罪嫌疑人以24小时的热线咨询服务。但是，囿于部分咨询的紧急性和必要性，该种福利只限于刑事案件领域。二是法院值班律师，包括刑事法庭值班律师、家庭及民事法庭值班律师。这种类型的值班律师主要负责听审阶段的简单法律咨询。其中，刑事法庭值班律师主要服务于批准逮捕阶段和第一次听审阶段，并在被告人保释听审时提供咨询、进行控辩交易。此外，被告经过第一次听审后，如有需要可以继续申请法律援助。无疑，此举以较小的资源投入扩大了法律援助的覆盖面。三是其他延伸属性的服务值班律师。这一类型中不包括刑事领域，主要是在法院值班律师基础上增加了特定服务地点、内容，例如精神疾病法值班律师、社会诊所值班律师、特殊值班律师和咨询建议值班律师。并且，这种形式在各省的具体设置亦不尽相同，而尚未普及到全国范围。[①]

具体到刑事领域，加拿大值班律师的职权主要有：(1) 侦查阶段为犯罪嫌疑人提供帮助（会见或电话）。(2) 寻求休庭，这是值班律师最常见的职能。当被告人表示不

① 参见李学义、左秀美：《加拿大法律援助值班律师制度及其借鉴意义》，载贾午光主编：《法律援助考察报告及理论研讨论文集》，中国方正出版社2008年版。

认罪时，值班律师可以告知法院和警方安排休庭，以便被追诉人有充足的时间来寻找合适的辩护律师并准备辩护思路。(3) 协助进行辩诉交易，这也是值班律师很重要的职能。有经验的值班律师审查过案情后建议被告人认罪，如果被告人同意认罪，值班律师会与检察官协商降低指控或减轻量刑，二者的紧密合作在很多法院得以延续。(4) 参加保释听证会。值班律师一般会以被告的访谈结果、就业情况和社会评价等方面，来证明被告没有社会危险性，且保释不会对社会造成威胁。为了达到这一目的，很多时候也需要值班律师掌握案情和必要的调查取证。(5) 对案件结果进行预测。在被告人认罪的案件里，一般法庭法官会建议值班律师寻求休庭，以便当事人聘请专人律师。在一些案件中法官也会让值班律师继续帮助，主张认罪并不会对裁判结果造成损害，同时可以加快诉讼进程。(6) 帮助符合条件的被指控人申请法律援助服务。可以说，加拿大的刑事值班律师服务内容非常广泛，职能也最为丰富。

在澳大利亚，刑事值班律师的分类有法院值班律师和监狱值班律师两种类型。法院值班律师的首要职责就是为被隔夜拘留的人申请保释，以及为首次出庭且无辩护律师的当事人提供法律咨询。具体来说，第一，对于被羁押的犯罪嫌疑人和被告人，值班律师通常需要申请保释；对于罪行较轻的案件，在被告人认罪的前提下则提交减刑申请。第二，对于没有被羁押的人，首先是提供基本的法律咨询，包括可能的辩护措施、帮助申请延期审理或发回重审等合适程序；同时预测可能面临的刑罚。① 第三，可以协助简易罪中的当事人进行辩诉交易，但是如果当事人被指控（或指控之一）的罪行属于高等法院的管辖范围，那么值班律师就无权参与。② 值班律师通常会优先处理重罪案件，对于第一、二次醉酒驾车犯罪（没有受到别的罪名指控的情形）和轻微的交通犯罪，当事人根本无权申请值班律师的帮助，除非其面临着可能被监禁的风险。③ 监狱值班律师主要会就各种法律问题提供法律建议，其职责范围包括关于一项未决刑事案件的建议、申请代理的帮助、帮助处理相关家事问题（如帮助安排同自己的孩子接触）以及在监狱内发生的争议等（如追查失窃财产、参加即将进行的治安法院听证）。

在新西兰，值班律师计划分为警察拘留法律帮助计划和法庭值班律师计划。其中，警局值班律师计划与英国的情状无异。当犯罪嫌疑人被逮捕、拘留或询问时，有权同值班律师通话或见面。他们可以从警察那里得到一份值班律师名单和电话号码，自行联系约定在当事人家里或者其他地方见面。如果是涉嫌严重犯罪，那么就只能在警察局内会见。但不论在哪里会见，且以何种方式进行，都不应

---

① 参见南澳大利亚法律服务委员会：《值班律师服务》，https：//lsc. sa. gov. au/dsh/ch01s01. php，最后访问时间：2023 年 4 月 15 日。

② 参见《西澳大利亚值班律师方案》，West Australia Duty Lawyer scheme Protocol，5. 3. 3 and 5. 3. 4.

③ 参见郭婕：《法律援助值班律师制度比较研究》，载《中国司法》2008 年第 2 期。

当受监听和监视。法庭值班律师在开庭首日为没有辩护人的被告人提供帮助。其提供的服务包括解释指控及严重程度、解释认罪和不认罪的后果、可能的抗辩措施、帮助申请保释、帮助请求还押受审或延期审理、帮助申请法律援助等。[①] 需要注意的是，通常值班律师不能代理被指控者出庭。

① 参见郑自文：《新西兰法律援助制度及其最新发展》，载《中国司法》2007 年第 7 期。

域外刑事值班律师职能表

国别	英国		加拿大		澳大利亚		新西兰	
分类	警局值班律师	法律值班律师	警局值班律师	法庭值班律师	法庭值班律师	监狱值班律师	警局值班律师	法庭值班律师
职责	法律咨询（电话或会见）；讯问时在场	法律建议；申请保释；帮助申请法律援助	24小时热线咨询服务	法律咨询；申请保释；寻求休庭；协助辩诉交易；简单案件出庭服务	法律咨询；申请保释；帮助申请延期审理或发回重审等程序适宜；预测可能面临的刑罚；协助简易罪的辩诉交易	法律建议；申请代理；帮助处理相关家事问题（如帮助安排与孩子接触）；监狱内发生的争议（如追查失窃财产、参加即将进行的治安法院的听证）	法律咨询	法律咨询；解释指控；解释认罪或不认罪选择后果；可能的抗辩措施；申请保释、还押侯审或延期审理；帮助申请法律援助
备注		监禁刑以下不得申请			第一、第二次醉酒驾车和轻微交通犯罪没有被判处监禁刑风险者不得申请			通常值班律师不能代理被指控者出庭

概括来说，上述四国的值班律师制度存在着大量的共通之处，当然也有少许的差异。在共同点方面。首先，除了澳大利亚没有警局值班律师外，其余三国值班律师的服务地点均为警察局和法庭。这从侧面佐证了值班律师的设置预期系应急性法律帮助，从而在侦查初期和首次开庭日的关键地点提供及时法律服务。其次，则体现在职能安排方面。第一，这些值班律师计划均包含了侦查初期的法律咨询。而咨询的内容往往是有关案件性质、相关法律规定和未来程序选择等基础性事项。第二，所有的值班律师均提供申请保释、申请延期审理、还押候审等程序性帮助。第三，值班律师均帮助符合条件的案件当事人申请法律援助辩护服务。而在不同点方面。首先，对于法庭值班律师服务的申请，英国和澳大利亚存在量刑的限制。其基本原则是可能被判处监禁刑以下的刑罚者不得适用。其次，加拿大值班律师的服务范围更为广泛，可以协助当事人和检察官进行辩诉交易；这一职能同样存在于澳大利亚的制度中，但只是限于简单案件。最后，各国虽然原则上要求值班律师不提供出庭服务，但是在英、加两国并不禁止值班律师在某些条件下代表被告人出庭。

通过对英、加、澳、新四国值班律师制度的汇总和比较，不难看出各国值班律师制度所主要解决的问题，系没有律师或者律师尚未到位之前被追诉人的基础法律帮助需求。尤其是在侦查早期和案件首次开庭日，值班律师充当讯问过程的监督者、法律和涉嫌罪名的解释者、认罪与否及产生后果的分析者、申请法律援助的辅助者以及变更程序的申请者。由此可知，上述值班律师的职能主要停留在基本的法律咨询和程序帮助的层面。司法现状并不需要值班律师对大部分案件有深入参与和实质性帮助，只需起到应急性作用和律师到位之前的衔接功能即可，以及在简单案件中可能存在的有效辩护，例如参与辩诉交易和必要的出庭支持。因此，值班律师绝大部分的职能或者说主要职能都没有涉及到实质性的辩护，仍然归属于应急性公共服务的类型。

3.3.1.2 我国值班律师制度的基础功能指向

我国值班律师制度表现出明显的基础功能指向，即提供非实质性法律帮助。在实践层面，值班律师的工作地点设置在看守所和法院，采取电话、视频、会见等多种形式，面向犯罪嫌疑人、被告人提供及时的法律咨询和建议。这是我国值班律师制度的常规、基本实现方式。目前全国很多看守所都采用广播的方式向在押人员宣传和解释值班律师制度，鼓励在押人员申请。在规范层面，综合现有文件和刑事诉讼法的规定，可以大致归纳出值班律师的职能有如下几方面：第一，为犯罪嫌疑人、被告人提供法律咨询、程序选择建议等咨询性帮助；第二，协助申请变更强制措施、申请法律援助等程序性帮助；第三，帮助被追诉人了解相关法律和程序等引导性事务；第四，针对刑讯逼供、非法取证等非法行为，代理申诉、控告；第五，在认罪认罚案件中，提供类似于辩护律师的实质性帮助。在这里，前三项职能与域外值班律师的职能是重合的；而第四项职能中“申诉、控告”的途径主要是启动排除非法证据程序，即属于程序性辩护的范围；第五项职能是涉及定罪量刑的实体性建议。前三项职能均属于值班律师的基础功能，提供的法律帮助仅限于咨询和程序性帮助，并没有对实体结果施加影响。

有学者曾生动地将值班律师比喻成急诊医生，只向病人提供最紧急和基本的医疗救助；而法律援助律师就如同住院部医生，根据病人的实际情况进行针对性的长期治疗。具体而言，值班律师不仅可以向犯罪嫌疑人提供及时的法律咨询，防止刑讯逼供等非法侦查行为的发生，还可以为犯罪嫌疑人提供必要的程序性协助，尤其对于程序选择以及认罪与否和后果的解释。后者很大程度上帮助被追诉人在理智和明智的状态下，能够做出正确的选择。尤其是在认罪认罚案件中，值班律师相当于承担了类似辩护人的职责，应保障被追诉人认罪认罚的自愿性和真实性，以解决当下普遍存在的司法困境。但也应当看到，这是历史特定阶段的特殊要求。随着经济、社会和法治的不断发展，法律援助的范围将会日臻扩大，聘请私人律师的比例也会持续上升，值班律师最终会回归其主要的本职职能，即应急性和过渡性法律辅助。域外值班律师制度虽然也会涉及实体性辩护的事项，例如保释听证、辩诉交易和必要的出庭服务，但往往限定在事情清楚、证据确实的轻微刑事案件中。例如西澳大利亚的值班律师手册就规定，值班律师不得参与案情有争议的、复杂的保释听证会，而应该建议当事人聘请专人律师或申请法律援助律师。可以预见，伴随着法治进程的推动，未来我国值班律师的职能范围恐怕会呈现缩小的趋势，其发展的结果即为值班律师越来越靠拢于基础功能指向。毋庸置疑的是，值班律师制度在我国的基本定位也应是应急性公共服务，系在现有辩护职能体系下新增加的一种程序角色，以弥补法律援助律师和委托律师功能缺位的环节。这是一种特殊形式的法律援助，并且应然属于每案都有的、常设的过渡性资源。而值班律师的基础功能，也应当是其中最主要的功能指向。

3.3.2 值班律师的延伸功能指向

3.3.2.1 域外值班律师功能之勘正

以是否能够提供实质性帮助为标准，笔者将值班律师的功能划分为基础功能和延伸功能。正如前文所述，值班律师的基础功能是域外该制度的主要表现形态，也是这一制度预期目标的客观反映，主要是为没有辩护人的被追诉人提供基本的法律咨询，以扫清辩护权存续于“最初一公里”的障碍。但是，这并不代表域外值班律师完全不承担对被追诉人的实质性帮助职能。这一点也是国内在引进该制度时存在的重大误解，即认为域外值班律师仅提供最基本的法律咨询和程序协助，而不介入具体案件的实体性处理。以此为理由来否认值班律师的辩护人属性，无疑是一叶障目式的误区。恰恰相反，域外值班律师确实会参与案件的实体性协商或者提供出庭服务，但这种实质性帮助并非常态形式；而且其对参与案件的要件标准设定颇多，基本集中在事实和证据清晰的简单案件中，以方便法庭审理和提高诉讼效率的立场而受到许可。例如在西澳大利亚，简易罪中值班律师可以参与辩诉交易。[①] 对于两可罪，如果该罪由省高级法庭（supreme court）审理，那么值班律师无权代理辩诉交易。而可诉罪就更严格了，省高级法庭审理的可诉罪只有在地区治安法庭有权管辖，并且值班律师有充足时间进行准备时，值班律师才有权代理被告人进行保释申请或延期申请。[②] 不难看出，越是严重犯罪和审级较高的案件，值班律师越是没有资格去提供实质性帮助。值班律师只是在轻罪案件中为了提高诉讼效率而提供辅助性的服务。加拿大的值班律师除了可以参与辩诉交易的协

① 在澳大利亚，刑事案件分为简易罪、可诉罪和两可罪。可诉罪指须由皇家检察官依据正式起诉书起诉并由陪审团审理的犯罪，如谋杀、误杀、性侵犯、持械抢劫等犯罪；而简易罪则指可由警察指控并适用简易程序审理的犯罪。有些可诉罪既可以由陪审团审理，也可以适用简易程序审理，即为两可罪。决定是否适用简易程序，主要是以刑期为标准。在许多州，适用简易程序审理的犯罪刑期不超过2年。所以，简易罪最初大多是轻微交通肇事案件。但是，随着社会发展，适用简易程序的犯罪种类发生了很大变化。大量的轻微案件，如交通肇事、违章停车等案件在法院之外得到处理从而退出简易程序的调整范围，而大量的相当严重的刑事案件则转变成简易程序的适用对象。

② 参见《西澳大利亚值班律师方案》，West Australia Duty Lawyer scheme Protocol，5.2.1；5.3.3and5.4.1.

商过程，甚至可以提供出庭服务。里贾纳地区（Regina）值班律师可能会继续代理刑事案件被告人出庭，但条件很严苛，即必须是曾经或现在仍然处于羁押状态的被告人认罪的案件，预计在未来几周内将通过辩诉交易程序解决，且审判时间将少于半天并且可以被迅速安排，那么值班律师才可以继续代理被告人出庭。[①] 这一规定也体现了职能的扩展，是为了在不实际损害被告人权利的前提下，提高诉讼效率，节约司法资源。

诚然，域外国家在某些条件下赋予了值班律师类似于辩护人的职责和权利，可以参与辩诉交易和出庭。但一目了然的是，值班律师的辩护责任与传统辩护人相比，绝不可同日而语。域外值班律师发挥延伸功能的前提，是案件事实清楚、量刑较轻，且不会耗用值班律师过多的精力，更不会因为此类延伸功能而混淆和模糊了其最为重要的基础功能。域外值班律师制度的基础功能和延伸功能，就好比原则和例外之关系，后者行使的比重远低于前者。值得玩味的是，我国值班律师制度本是伴随着速裁程序和认罪认罚从宽制度试点而生。为了配合认罪认罚从宽制度，值班律师承担了很多实质性帮助的职能，而且因认罪认罚从

---

① 参见克雷格、约翰·A·埃普、乔治坎贝、詹姆斯·斯特拉瑟斯：《萨斯喀彻温省法律援助：2012 - 2013 年加拿大法律援助的义务律师项目研讨会—法律援助服务提供的创新》，Craig Goebel and John A. Epp, with contributions from George Combe and James Struthers, Saskatchewan Legal Aid: Duty Counsel Programs in Canada at 2012 - 2013-Workshop B2: Innovations in Legal Aid Service Delivery, D. 2.

宽制度不区分案件性质、严重程度而广泛适用。因此从一开始，值班律师的延伸功能指向就表现得非常明显，基础功能反而较少得到适用。值班律师制度在国内的研究一度非常集中于延伸功能，即值班律师如何在认罪认罚案件中发挥实质性作用。

3.3.2.2 认罪认罚从宽制度中的值班律师参与

若想厘清值班律师的延伸功能，首先应该明确认罪认罚从宽制度的性质，及其对值班律师的功能期待。“认罪认罚”顾名思义是指被追诉人承认自己所犯的罪行，以及接受公诉机关的量刑建议，来换取实体上和程序上的优惠待遇。该制度贯穿于刑事诉讼的全过程，且不区分案件类型和性质而广泛适用。创设认罪认罚从宽制度，最主要的目的是提高诉讼效率。通过繁简分流机制筛选出大量无争议的认罪案件，以便进行快速处理，从而缓解司法压力。鉴于我国长期处于案多人少的司法环境之现实，快速审理和认罪协商是制度选择的必然结果。认罪认罚从宽制度的制度本性系协商性司法，其蕴含了协商和契约的精神，更难以回避控辩协商的实际行为。例如，对于犯罪性质的争论，尤其是量刑优惠的确认过程，都或多或少隐含了辩护一方和检察官的“你来我往”及协商一致。认罪认罚从宽制度作为一种协商性司法模式，其正当性基础是保障犯罪嫌疑人、被告人认罪认罚的自愿性和真实性。加之程序简化对认罪自愿性所带来的威胁，亟待强力有效的保障机制予以平衡。我国的认罪认罚从宽制度实际对应了三种程序选择，即速裁程序、简易程序和普通程序的简化审理。实践中考虑到此一状态下的被告人对案件事实、证据和处理意见并无异议，且没有着重进行法庭调查和辩论的主观愿望，因此认罪认罚案件通常适用前两种程序。速裁程序的高度简化，意味着被告人对无罪辩护权和量刑辩护权等诉讼权利的放弃态度。传统上为了在审判阶段进行控辩较量，所发挥实质性辩护的效果空间也几乎丧失殆尽。因此，在认罪认罚案件中，审前阶段被追诉人诉讼权利的保障尤为关键。对认罪认罚自愿性以及控辩平等协商的保障是制度得以良性运转的生命力，这些均离不开律师的有效帮助。

根据法律法规，认罪认罚案件必须有律师的参与。目前上述律师的来源主要有三种：委托律师、法律援助律师和值班律师。有学者曾做过调查统计，值班律师参与占认罪认罚案件超过一半以上甚至三分之二，表明大部分认罪认罚案件是由值班律师提供法律服务而审结的。值班律师在认罪认罚制度中的基本职责，结合刑事诉讼法师和相关文件，可归纳为如下方面。

①提供法律咨询。即解答犯罪嫌疑人、被告人关于案件的相关问题，包括但不限于案件的性质、罪名、可能承担的法律责任，解释相关法律政策（刑法、刑事诉讼法、刑事政策等），以及对认罪认罚从宽制度的介绍。

②申请变更强制措施。基于被羁押人的即时表现，值班律师认为不具备社会危险性的，可以代为申请。

③就特定事项发表意见，《刑事诉讼法》第173条列举了值班律师在认罪认罚案件中，应当向检察机关发表的意见。[①] 值班律师应当在充分了解案情的基础上提供有效的法律帮助，帮助检察机关形成客观合理的处理建议，维护被追诉人的合法权益。

④程序选择建议。值班律师应当向被追诉人解释速裁、简易程序和普通程序的区别和在不同程序里权利的异同以及利弊，帮助其作出合理的程序选择。

⑤见证认罪认罚具结书的签署，监督程序的合法性。

从上述规范要求可以看出，值班律师在认罪案件中的作用是为当事人提供实质性法律帮助；但不仅限于法律咨询，还要代表被追诉人就认罪认罚的具体内容与检察机关沟通交涉，维护被追诉人的合法权益；直到具结书的签署，参与并见证认罪认罚整个程序的完结。在这个层面来看，值班律师的作用与辩护律师、法律援助律师的职责并无差异，《认罪认罚试点办法》中规定“应当保障犯罪嫌疑人、被告人获得有效的法律帮助”，这种有效的法律帮助应当达到“有效辩护”的标准，才能保证认罪认罚从宽制度的正当性，亦能真正保障认罪认罚当事人的诉讼权益。

3.3.2.3 认罪认罚案件中值班律师法律帮助的有效性

值得注意的是，在认罪认罚案件中，值班律师不仅应

---

① 包括涉嫌的犯罪事实、罪名及适用的法律规定；从轻、减轻或者免除处罚等从宽处罚的建议；认罪认罚后程序的选择；以及其他需要发表的意见。

当提供实质性的法律帮助，而且还应保证这种实质性法律帮助是有效的。从“被告人有权获得辩护”到“被告人有权获得律师帮助”，再到“被告人有权获得律师的有效帮助”，是辩护理念发展的渐进过程，代表了刑事辩护发展的三个重要阶段。[①] 对于被追诉人不认罪的案件，根据刑事辩护全覆盖试点之方案，在审判阶段实现全部被告人获得辩护人所提供的服务，可以在庭审过程中围绕定罪量刑和程序问题展开细致的辩护，较为便宜地实现有效辩护。而认罪案件中，被追诉人自愿认罪认罚，案件大多又较为简单，加之值班律师并非是与犯罪嫌疑人、被告人签订委托代理合同的正式辩护人，其责任感和使命感不强，以及检察机关在认罪认罚从宽制度中的强势主导权，种种因素综合之下，致使值班律师的法律帮助很容易流于形式，缺乏深度参与，难以发现被追诉人“非自愿”认罪的情况。即受到检察机关误导而在不明智的情况下做出的认罪表示，以及难以纠正检察机关不恰当的“从宽”结果。例如，值班律师不参与协商过程，无法运用专业知识判断量刑协商之结果是否合理、合法，只是在双方达成合意的情况下草草见证了具结书签署程序。这种做法在实践中其实大量存在，与提供“有效法律帮助”的目标和要求完成是背道而驰的。又或者，即便值班律师参与了协商过程，但不进行

① 参见陈瑞华：《刑事辩护的理念》，北京大学出版社 2016 年版，第 101 页。

阅卷，也没有提前与犯罪嫌疑人、被告人会见了解情况，在没有完全掌握案件信息的情况下就给出了专业意见，这更是不负责任的行为。虽然在形式上提供了实质性法律帮助，就定罪量刑发表了意见。但是，这样的意见是异常危险的，很容易纵容检察机关盲目追求结案而忽视客观真实发现的错误行径。故而，此类法律帮助可以说是无效的，甚至是负效的。此外，值班律师提供程序选择建议应当从被追诉人的权利角度考量，而非迎合检察机关的意见。“无论是从保障被告人权利的角度，还是与刑事司法内在的真实主义相协调的角度，被告人的程序处分权都必须正确而公正地行使。”① 对于那些通常没有法律知识和技能的被追诉人，程序处分权的正确行使完全依赖于值班律师的专业建议。一言以蔽之，将值班律师的有效法律帮助视为认罪认罚从宽制度的生命线，根本就不为过。

3.3.3 角色的衔接与转化

既然值班律师的两大功能存在着一定的内在联系，那么刑事诉讼进程中，其自身的角色转化以及同其他类型律师之间的相互衔接，自然就彰显出了相当程度的理论价值。

3.3.3.1 值班律师与传统辩护律师的工作衔接

在认罪认罚从宽制度试点过程中，曾出现了试点单位

---

① 参见【日】田口守一：《刑事诉讼的目的》，张凌、于秀峰译，中国政法大学出版社 2011 年版，第 217 页。

以值班律师代替法律援助指定律师的乱象。一方面，因为值班律师是常设的，也没有程序上的繁琐手续，可以方便获取；另一方面，相对于法律援助律师，值班律师因工作量大而不免精力分散，往往缺乏对单个案件的专注度，只是片面地去协助办案机关办案。因此，对于很多符合法律援助条件的被追诉人，办案单位在诉讼前期只为其提供值班律师的法律帮助，到了庭审阶段法院再为其指定法律援助律师来代理。为防止实践中不当扩大值班律师适用范围的情况，必须明确值班律师与传统辩护律师的工作衔接以及明确二者的分工。

首先，就是明确适用范围。无论是认罪案件还是不认罪案件，都要遵循“委托律师>法律援助辩护律师>值班律师”的优先级顺序。被追诉人有委托律师的，由委托律师全权负责案件的辩护工作；被追诉人符合法律援助条件的，应当由法律援助机构指派律师来承担辩护工作，切不可由值班律师代劳；前两者的条件都不具备的情况下，才由值班律师提供法律帮助。这其中还包括了两种情况：一种是被追诉人未获得正式辩护人之前，由值班律师提供临时性的法律帮助，以填补辩护律师到位前的法律帮助空白时段；另一种情况是无辩护人的案件，由值班律师提供必要的法律帮助。根据刑事辩护全覆盖试点工作办法，不认罪案件或将实现审判阶段全部有辩护人辩护。这部分辩护人则主要由法律援助指定律师来担任，而所有认罪案件在审判阶段由值班律师提供法律帮助。因此，按照现有的制度安排，值班律师只负责无辩护律师的认罪认罚案件，以及辩护律师到位之前的认罪与不认罪案件。

其次，在适用范围的框架下，应当明确值班律师在不同场合的具体职责。在认罪认罚案件中，值班律师应当履行辩护人的职能，包括会见、参与量刑协商、必要的阅卷等辩护活动，保障认罪认罚的真实性和自愿性，以提供有效辩护。而在不认罪案件中，值班律师仅提供基础性的法律咨询、帮助转交法律援助申请等工作，只需起到简单的权利告知和程序性建议之作用，而传统的刑事辩护工作应当继续交由辩护律师来开展。

最后，需要明确程序转化带来的辩护责任归属问题。在值班律师负责的认罪认罚案件中，被追诉人在审前阶段反悔或撤销认罪认罚的，依然由值班律师继续提供法律帮助。但在审判阶段被告人才提出反悔或撤销提议的，应当由传统法律援助律师来接替值班律师，或者将值班律师的身份转变为法律援助律师，这才符合刑事辩护全覆盖对于辩护工作的要求。反之，由法律援助指定律师代理的不认罪案件，在案件办理过程中被追诉人又自愿认罪认罚了，应当继续由法律援助指定律师来负责后续的辩护工作。其规范依据是刑事诉讼法对于指定辩护的规定，符合法律援助标准的被追诉人一律由法律援助律师为其辩护，只不过辩护的内容转变为着重就量刑问题与法官、检察官进行协商。

在明确和规范值班律师与传统辩护律师的工作衔接之

后，还需要完善相关工作交接的技术性问题。例如进行工作交接之时，需要立即告知办案机关和法律援助部门，同时将关于案件的事实、程序、法律建议、辩护意见等书面材料转交给接替的辩护律师，以方便接替者了解之前的步骤并制定下一步的辩护计划，从而节约律师的精力，压缩上手时间。

3.3.3.2 值班律师向传统辩护律师的转化

(1) 值班律师向法律援助指定律师的转化

值班律师在向无辩护人的犯罪嫌疑人、被告人提供法律服务的履职过程中，发现被追诉人符合申请法律援助的条件，而被追诉人又有意愿委托值班律师的，经过法律援助中心的审批后，可以正式确定法律援助委托关系，值班律师的身份即转化为法律援助指定律师。目前立法和规范文件中均没有对此进行规定，实践中有部分地区进行了先行尝试。例如武汉市某区探索了值班律师转任法律援助律师的渠道，简化值班律师与法律援助律师、辩护律师（委托律师）之间的身份转换程序，开辟法律身份变更通道。[①] 值班律师在取得当事人的委托后，身份即可转化为法律援助律师。

诚然，值班律师与法律援助指定律师的本质均是法律

---

① 参见《认罪认罚从宽制度的适用与值班律师的参与》，载 http：//www.jcrb.com/procuratorate/theories/practice/201807/t20180713_1885173.html。最后访问时间：2023 年 4 月 15 日。

援助律师，只是法律援助制度下划分的不同职能类型，很多时候人员构成上也会存在交叉，法律援助律师也同时担任值班律师的职能。但是应当注意的是，并非所有值班律师都能承担法律援助辩护工作。在加拿大，一般来说，值班律师提供的服务结束于审判开始之前，故而此时被追诉人已经有足够的时间聘请到专人律师参与后续的辩护工作。而值班律师能否转化成为法律援助辩护律师，也就是在审判之前能否“继续代理”，要看值班律师是否是值班律师办公室聘请的专职律师。

在我国，根据《值班律师工作意见》第6条第3款之规定，[①] 值班律师的组成也是社会律师和法律援助机构律师，而当下司法现状对值班律师需求量之大决定了法律援助机构律师的数量远远不够，需要调动大量社会律师来完成这一计划。对于社会律师的转化，一方面，社会律师通过值班律师的选拔程序而成为其中一员。囿于值班律师和传统法律援助律师的选任标准并非同一，在行政管理上也分门别类，社会律师直接转化为传统法律援助律师暂时没有制度空间。另一方面，大部分社会律师缺乏代理法律援

① 《关于开展法律援助值班律师工作的意见》第6条第3款规定：“社会律师和法律援助律师应当接受法律援助机构的安排提供值班律师服务。值班律师应当遵守相关法律规定、职业道德、执业纪律，不得误导当事人诉讼行为，严禁收受财物，严禁利用值班便利招揽案源、介绍律师有偿服务及其它违反值班律师工作纪律的行为。值班律师应当依法保守工作中知晓的国家秘密、商业秘密和当事人隐私，犯罪嫌疑人、刑事被告人或者其他人准备或正在实施危害国家安全、公共安全以及严重危害他人人身安全的犯罪事实和信息除外。”

助案件的主观愿望，尤其是私人业务繁忙的律师，抽出固定时间担任值班律师已然是做贡献了。对于法律援助律师在传统辩护人和值班律师之间身份的切换，应当说是没有大障碍的，个别实现法律帮助和指定辩护全覆盖的地区已经形成了两种身份转变的便利操作方式。[①] 但需要注意的是，由于我国法律援助指定辩护的范围较窄，主要局限于弱势群体和可能判处无期徒刑和死刑的重罪案件，因此，应当审核值班律师的执业水平和能力是否能够胜任此类案件，以及是否符合特殊主体的专门性需求。对此，具体可以参考相关规范中对于此类案件的法律援助辩护要求。[②]

（2）值班律师向委托律师的转化

对于值班律师可否转化成委托律师的问题，为了保持值班律师的独立性与中立性，各国基本上均持审慎的态度，明确禁止值班律师利用职务之便拉拢案源。在英国，有很多已退休或者不能提供实际服务的值班律师仍然在值班律

---

① 从值班律师转变为辩护人的具体过程为：在审查起诉阶段，值班律师、犯罪嫌疑人在认罪认罚具结书上签字后，再单独签署一份法律援助授权委托书。检察官在起草起诉书时会直接将值班律师写为辩护人，法院在收到检察院的案卷材料后电话联系法律援助中心，要求指派辩护律师，此时法律援助中心指派的辩护律师与先前的值班律师系同一人，从而在手续上实现了值班律师与辩护律师之间的衔接。参见李刚：《认罪认罚从宽制度的海淀模式》，载《中国检察官》2019 年第 1 期。

② 参见最高法院、最高人民检察院、公安部、司法部关于印发《关于刑事诉讼法律援助工作的规定》的通知，第 13 条规定："对于可能被判处无期徒刑、死刑的案件，法律援助机构应当指派具有一定年限刑事辩护执业经历的律师担任辩护人。对于未成年人案件，应当指派熟悉未成年人身心特点的律师担任辩护人。"

师名单上，其原因就是律师事务所试图利用这种方法，扩大律师接触当事人拉拢案源的几率，占用名单上更多的位置意味着拿到案源的机会更大，人们把这一怪异现象称之为“鬼魂值班律师”（Ghost Duty Solicitor）。因此在2017年，针对这一现象，当局在刑事标准合同第6.37条将“鬼魂律师”界定为“任何出现在值班律师名单上却不属于该律所或未进行实际服务工作的人”，并且命令禁止这种行为。[①] 澳大利亚并没有一刀切地禁止值班律师转委托的行为，而是采取了“禁止+限制”的做法。在2011年南澳大利亚律师协会通过《澳大利亚值班律师守则》之前，为了防止社会律师利用值班的便利私自拉拢案源，各州私人执业者担任值班律师时会被告知“在提供咨询服务的同时不得提出聘用自己或者自己所在律所的建议，如果当事人要求为他们推荐执业律师作为代理人，无论是私下还是在法律服务委员会指派的情况下，执业律师可以向该当事人提供他们的姓名、地址和电话号码，但也必须向该当事人提供其他两名执业律师或者律所的姓名、地址和电话。”[②]

诚然，禁止值班律师转为委托律师有利于保持值班律师的客观、中立地位，避免社会律师参与这一计划时的动

① 参见富兰克林·辛克莱：《平衡中的刑事法律援助》，Franklin Sinclair, Criminal Legal Aid in the Balance, Review of Law Criminal and Ethics（2015），137（4）.

② 参见南澳大利亚法律服务委员会：《值班律师服务》，https://lsc. sa. gov. au/dsh/ch01s01. php. 最后访问时间：2023年4月15日。

机不纯，以及值班律师为了拉拢案源而作出不符合执业道德的行为，例如夸大案件的严重程度、承诺帮助争取低于预估刑罚的量刑优惠等有损被追诉人实际利益的行为。在规范层面禁止这一做法，确实从源头上防范了值班律师的不当揽客行为。但是从反面来看，这一做法也降低了值班律师工作的积极性和对优秀律师的吸引力。社会律师的工作属性具有市场性，需要他们在市场中比对相同时间和精力如何能使利益最大化，尽管值班律师的工作属于法律援助一部分，带有义务属性，但这不是长久留住优秀律师群体的依据来源。如果社会律师认为在众多不确定的受援人中存在潜在的客户资源，那么工作的积极性和热情势必高涨；相反，在重复性的履行解答咨询等法律帮助的过程中，作为法律人的社会责任感和奉献精神也会慢慢消磨殆尽，导致法律帮助的质量始终低于辩护律师的服务质量。笔者认为，现有的禁止性规定考量不无道理，我国也有观点认为要建立值班律师接触案件后委托、转任的回避制度。这不仅是出于以上理由，还认为检察官存在通过值班律师制度为律师大批量介绍案件的不合理现象，有违检察人员不得为律师介绍案源的禁令。[①] 此外，可能更多人关注的是值班律师作为对象不固定的法律帮助者，可能接触过同一案件的全部犯罪嫌疑人，藉由提供法律咨询而从不同人处

---

① 参见孙军、樊华中：《认罪认罚从宽制度中值班律师的职责定位——以上海市工作开展情况为基础》，载韩大元等主编：《认罪认罚的理论与实践——第十三届国家高级检察官论坛论文集》，中国检察出版社 2017 年版。

了解过相关案件细节。根据律师执业规则的要求，律师不得为同一案件的两名被告人同时提供辩护。那么值班律师与其中一位被追诉人达成转委托合意的时候，如何处理之前对于其他被追诉人的法律帮助以及从中获知的案件细节，是否又对其他同案被追诉人造成了利益损害。笔者认为这些问题确实棘手，且有待限制和规范，但却仍然属于制度构建层面的范畴。

从宏观价值判断的视角，有限制的赋予值班律师和被追诉人转委托的权利，无疑会取得最佳的制度效果。一方面，可以方便深陷囹圄的被追诉人找到合适的辩护人。囿于社会律师的质量良莠不齐，招摇行骗者亦大有人在，值班律师是按照一定执业年限和执业水平考核通过而取得执照的群体，基本的法律素养和能力可以得到保障。如果被追诉人接受法律帮助的同时认可该律师，对其来说这是一条最便利而且不会上当的渠道。另一方面，尤其可以激发值班律师工作的热情和耐心。我国当下制度实践最明显的弱点，就是值班律师提供服务的形式化，几乎没有给出实质性帮助和建议。而如果给予他们一定扩展业务的空间，那么值班律师为了获得被追诉人的认可和信任，定当认真聆听、仔细研究，给出实质性帮助或合理化建议，从而能充分调动值班律师的主观能动性来帮助每一位咨询者。加之我国当下辩护率低迷，很多犯罪嫌疑人、辩护人文化水平低下、认识能力不强，可能不会主动寻求辩护律师的帮助；但当接触到值班律师，并感受到专业人士的职业素养的时候，也许就不自觉会萌生委托的想法，对其自身的利益保障显然是一种积极影响。

对于笔者的观点，国际社会也不无案例支持。最典型的当属日本值班律师制度。需要说明的是，日本的值班律师制度是律师协会自发组织的民间活动，不是立法层面的制度，“缺少法律的明确规定和国家财政经费的支持”。① 其建立的背景是在侦查期间犯罪嫌疑人无法获得“国选辩护人”（即法律援助律师）的强制辩护，律协为了加强侦查阶段犯罪嫌疑人的权利保护，而发起设立了这一制度。日本值班律师服务的内容较为特殊，仅提供被逮捕或羁押的犯罪嫌疑人一次免费咨询服务，之后若犯罪嫌疑人愿意，可以委托其为辩护人。这是律师协会出于为侦查初期犯罪嫌疑人之人权保障所作出的制度贡献，同时为律师扩展案源提供机会的双重考量。实践表明其效果良好。自 1990 年九州岛律师联合会最早设立此制度，到 1992 年已经在 52 个地方律师协会逐渐开展，发展迅猛。时至今日，其仍然是侦查期初主要的法律帮助形式，说明制度深得人心，得到律师和被追诉人双方的认可。类似的案例还有加拿大。加拿大承继了英国的普通法系传统，在 20 世纪 70 年代，英国的值班律师制度也在加拿大得到繁荣发展。但在此之前，加拿大的司法实践中已经出现类似功能。那时候，犯

① 参见郭婕：《法律援助值班律师制度比较研究》，载《中国司法》2008 年第 2 期。

罪嫌疑人在被逮捕、拘留和首次开庭日，通常是没有辩护律师在场的。对于轻微刑事案件，通常警察会告知犯罪嫌疑人首次出庭的时间并将其释放；在其他严重犯罪中，由和平法官（a judge of the peace）根据提供的担保和评估社会危险性决定犯罪嫌疑人是否可以被保释，但是被追诉人在被指控犯罪后到首次出庭日之间的间隔时间很短，被追诉人很难在这么短的时间内找到合适的辩护人。因此在首次庭审中由于没有任何法律帮助和建议，会处于非常不利的境地。为了缓解这一困境，加拿大的律师群体创造了一种新型客户关系，即他们在为自己的客户出庭辩护时，顺带的会为其他没有辩护人的被告人提供无偿的法律服务。[①] 如果被追诉人愿意聘请他们，那么就是一件双赢的事情。而法官也会偶尔邀请在法院出庭的其他辩护律师来充当“法院的朋友”，义务向被告人释法以及解释程序选择对审判的影响，转变被告人在法庭的弱势地位。而后，因为依靠私人律师的偶尔帮助无法满足诉讼早期阶段对法律服务的大量需求，才引进了英国的值班律师制度。

不管是历史中出现的短暂现象，还是延续到现在的持续经验展示，都说明了值班律师存在转成委托律师并且取得良好社会效果这样的制度空间。但这不意味着值班律师

① 参见加拿大司法部：《加拿大法律援助值班律师制度：摘要报告》，" Legal Aid Duty Counsel Systems in Canada：Summary Report", Department of Justice in Canada, https：//www. justice. gc. ca/eng/csj-sjc/index. html. 最后访问时间：2023 年 4 月 15 日。

转委托没有任何的规制和限制。相反，为了回应以上的各种担忧，防止值班律师利用工作便利以招揽客户为目的进行服务，应当出台文件专门对值班律师转委托的服务内容和方式进行严格规范，① 禁止值班律师在提供法律帮助的时候以任何方式主动提出或暗示犯罪嫌疑人、被告人聘请其为辩护人。将此项权利的通知义务交给侦查机关，可以写入发放给犯罪嫌疑人、被告人的权利义务告知书，以告知其有权在任何时候获得值班律师的法律帮助。如果出于自愿，可以聘请值班律师为自己的委托律师；关于同案犯的问题，如果同一名值班律师为多名同案犯均提供过法律咨询，转为其中一个的辩护人确实存在侵害其他同案犯利益的嫌疑。因此，笔者建议作出“当值班律师为两个以上同案犯提供过咨询服务不得担任此案件任何被告人的辩护人”的限制性规定。上海市于2017年出台的《本市开展法

① 《成都市法律援助值班律师工作站管理规定（试行）》规定：“为切实维护值班律师和当事人的合法权益，要推行值班律师与犯罪嫌疑人、被告人之间“个人信息双盲”制度，即值班律师应自觉回避案件当事人个人信息，犯罪嫌疑人、刑事被告人或者其他相关人员不得询问法律援助值班律师除工作证件、信息公开栏上以外的其他个人信息。”参见：成都五部门联合印发法律援助值班律师工作站管理规定 成都长安网（chengdupeace. gov. cn），最后访问时间：2023年4月15日。

律援助值班律师工作的实施办法》做出了类似的规定。[①]这一限制性规定同样适用于值班律师转为法律援助指定律师的情况。

---

① 第10条第1款规定："对于共同犯罪案件中，已经为两名以上的犯罪嫌疑人、刑事被告人提供法律帮助的值班律师，法律援助机构不得指派其作为本案犯罪嫌疑人、刑事被告人的辩护人。该值班律师也不得接受该案犯罪嫌疑人、刑事被告人及其近亲属的委托担任辩护人。"参见《法律援助值班律师工作'上海方案'正式落地》，载 https://www.sohu.com/a/220596758_467293，最后访问时间：2023年4月15日。

第4章　值班律师的权利框架

值班律师制度能否顺畅运行，其实主要取决于两个方面的因素。一者，立法规范维度上需要给予值班律师充分而必要的权利类型；二者，值班律师能够基于日常行为的合理输出而确保上述权利得以落实。故此，这也是接下来两章的基本内容。权利是行使职责的前提和重要依据。值班律师制度作为我国的新生事物，实践经验仍然属于较为匮乏的阶段。因而，探讨值班律师的权利授予类型，就成为当下最重要的课题之一。需要注意的是，通常人们都会认为权利与义务是一对互为表里的共同体，故大多同时予以阐明。但是，作为律师制度中的一个特殊部分，值班律师的别致之处则主要体现在权利层面。更多时候，值班律师的义务种类与传统辩护律师是别无二致的，譬如忠诚、保密、尽责等，故在本章无需作出具体赘述，而在下一章的工作模式中可以管窥一斑。

传统理论将辩护权划分为固有权利和传来权利。固有权基于辩护人身份而取得；而传来权则是指诉讼权利系被追诉人所拥有，辩护人行使此项权利要经过被追诉人的授权许可，例如代理申诉、控告权、申请变更强制措施和上诉权等。[①] 固有权的范围主要包括调查取证权、会见通信权、阅卷权和在场权四项。[②]应当明确的是，笔者支持值班律师当然享有辩护人属性，也自然应当赋予其辩护人地位。故而，辩护律师的权利也应当由值班律师享受，但囿于值班律师与传统辩护律师的职能有异，二者在工作内容和方式上也存在着很大的区别，且工作重心也大相径庭。毕竟，值班律师存在着对象不确定性以及职能范围广泛性等工作特点，不可能像代理律师一般完全专注于某一具体案件。因此，其没有必要享有传统辩护律师的全部诉讼权利，例如调查取证权和完整的出庭辩护权。值班律师除了需面向全部犯罪嫌疑人、被告人提供基本的法律咨询外，大部分的工作内容还是在认罪认罚案件中提供有效法律帮助。而认罪认罚案件的适用标准，是案件事实清楚、证据确实充分，犯罪嫌疑人、被告人认罪认罚。由此，若值班律师发现案件事实不清、证据不足，只要提出不同意认罪认罚的处理结果即可，而并不需要亲自去收集证据，以证明犯罪嫌疑人及被告人不构罪。这是委托律师与法律援助指定律师的工作职责，值班律师只能起到有限度的辩护，也就是保障被追诉人在认罪认罚程序中权利不受侵害，即行使符合法定职责的权利。

---

① 参见熊秋红：《刑事辩护论》，法律出版社 1998 年版，第 187–188 页。

② 参见陈卫东：《刑事辩护律师权利体系的合理架构与立法规制》，载《国家检察官学院学报》2005 年第 3 期。

承上，阅卷权与会见权是值班律师履行一切法定职责的基础性权利。根据《刑事诉讼法》和《值班律师工作办法》可以归纳出值班律师的主要职责有：提供法律咨询、提供程序选择建议、帮助申请变更强制措施、对案件处理提出意见等。职责即为权利，意味着值班律师享有提供法律咨询权、程序选择建议权、申请变更强制措施权以及对案件处理提出意见的权利等。这些权利的行使均有赖于会见与阅读这两项基础权利的实现效果。对于一般的法律咨询，比如询问罪名、犯罪性质和程序问题，值班律师只需通过会见来予以解答。而这种会见权应当做扩大解释，包括热线电话和网络视频等方式，只要能达到充分解答的目的即可。对于其他法定职责，值班律师只有通过充分会见交流与严谨阅卷，全面掌握案件的事实、证据以及被追诉人的主观意愿，在此前提下，提供的程序选择建议、变更强制措施的申请以及针对定罪量刑发表的意见才能趋于客观和利益最大化。由此可见，这一连锁效应的起始即会见权与阅卷权的实现状况，这两项基础权利的实效是提供“有效法律帮助”的重要量化指标。

因此，笔者认为只需赋予值班律师完成法定职责所必要的诉讼权利，即会见权、阅卷权、量刑协商权、律师在场权和出庭辩护权五项。在此对该五项权利稍做说明。承接上一章值班律师的功能辨析，我们认为我国值班律师担负了法律咨询为主的基础功能和有效辩护导向的延伸功能。从权利匹配功能的维度，基础功能的实现需要值班律师行使会见权和在场权两项基本权利，延伸功能的发挥则需要赋予值班律师更多的权利，不限于会见和在场，包括与检察机关量刑协商的权利，以及进行量刑协商最重要的基础性工作——阅卷。最后，必要时候值班律师应该被允许出庭辩护，以切实保障被追诉人的诉讼权利和实体利益。从权利实现的维度，根据我国的立法现状，目前会见权和量刑协商权是比较明确的，虽然刑事诉讼法并没有直接体现“量刑协商”的字眼；对于阅卷权，笔者认为其正处于部门规章和地方规章上升为法律的过渡阶段，尽管一直是争议的焦点，但是在专门的规范性文件中已经被明确下来了；律师在场权和必要的出庭辩护权是可以被期许的在未来将会逐步实现的权利类型。本章的逻辑顺序是从法律已有规定的权利类型谈起，逐步展望至未来有待实现的权利空间。

4.1 会见权

对于值班律师而言，除了借助书面资料掌握案情，与被追诉人的面对面也是开展法律帮助的主要路径。换言之，一旦值班律师会见犯罪嫌疑人能达于相对自如的状态，那么帮助效果的维系即有所保证。特别是对于处在羁押状态的被追诉人而言，会见权的存续甚至即代表了值班律师本身的意涵。

4.1.1 会见权的规范渊源

会见权通常是辩护律师开始辩护活动的第一步，即由此了解以犯罪嫌疑人为主的案件情况和基本诉求。并且在漫长的诉讼程序中，辩护律师需要不断行使会见权与犯罪嫌疑人、被告人就案件情况的变化，以及辩护策略的调整进行沟通，这是保障当事人权利被实现、意愿被正确表达的重要方式。尤其是对于身陷囹圄的当事人而言，鉴于自身与外部世界隔离，则极易沦为刑事追诉的客体且丧失信念。会见权的重要意义不仅限于传达当事人意愿和核实证据，而且可以让当事人明晰自身处境、程序进程、涉嫌犯罪的内容以及预期结果，从而增强其程序主体地位，积极参与诉讼，获得和行使权利。对于值班律师的会见权，《刑事诉讼法》第 36 条第 2 款有明确规定："人民法院、人民检察院、看守所应当告知犯罪嫌疑人、被告人有权约见值班律师，并为犯罪嫌疑人、被告人约见值班律师提供便利。"该条文包括了三层含义：第一，犯罪嫌疑人、被告人有权约见值班律师，相关单位应当提供便利；第二，该权利适用于侦查、起诉和审判三个阶段；第三，约见值班律师是被追诉人的一项权利，且是否约见以其自身需求为准，原则上没有次数限制，即只要提出会见请求，有关机关就要及时予以安排。

4.1.2 会见权的“单向行使”

各国虽然对会见权的限制规定有所差异，但是均承认会见权系辩护律师与当事人所享有的基本权利。在具备代理协议的案件中，律师——包括自行委托的律师和国家指派的法律援助律师在内——与当事人双方都可以提出会见的要求，除非有限制会见的情形，办案机关应当尽快予以安排。当事人基于委托合同生成享受律师服务的权利；而辩护律师基于职业伦理要履行对委托人的勤勉义务，在案件进展需要之时主动会见，行使辩护职能。此为会见权行使的双向性，即双方均有启动的权利。而囿于值班律师的服务对象是尚无委托辩护人的被追诉人，其与每个被追诉人之间为非委托关系，因此会见权的启动往往呈现被追诉人一方的单向性。

作为法律援助制度的一种，值班律师之所谓的“值班”，就是要让没有辩护人的犯罪嫌疑人、被告人能够及时获得法律咨询。目前，全国范围内绝大部分看守所和法院都建立了法律援助工作站，派驻值班律师值班，以等待被追诉人的申请来提供免费法律服务。其中，会见是法律咨询最常见的方式，并通常由被追诉人行使会见请求权。此种会见权行使的单向性主要基于三方面原因：其一，值班律师服务对象的不确定性。这就如同病人就医。如果病人不来就医，医生很难去挨家挨户地找病人看病。若被追诉人不去申请法律帮助，值班律师原则上不主动提供帮助，也包括行使会见权。其二，值班律师的工作内容与传统辩护律师不同，体现了一定的消极性和阶段性。如上文所述，值班律师的基础功能是法律咨询，通常表现为被追诉人向其提问并得到解答。这是个释法解惑的过程，直到被追诉人理解为止。这种帮助通常是具有针对性和阶段性的，值班律师不会主动发起会见请求。其三，在认罪案件中，值班律师的会见需求通常可以通过加入的方式——即在检察机关同被告人认罪协商过程中——予以消解，而不必然诉诸单独发起。在认罪案件中，值班律师的作用相当于辩护人，进而要确保认罪认罚的真实性、自愿性以及量刑的公正性。故此，值班律师需要深入案件，通过阅卷、会见方式去核实证据和了解情况。实践中有大致两种情形。一是办案机关过分追求效率，只在签署具结书环节通知值班律师前来见证。值班律师仅在现场简单询问被追诉人是否出于自愿认罪认罚，态度上不免敷衍了事。另一种做法则是检察机关在提审嫌疑人、被告人时，邀请值班律师参与旁听。如是，值班律师可以与被追诉人就案件问题和认罪情况进行沟通。又或者，值班律师参与到检察官与被告人认罪认罚协商的过程，并行使辩护职能。不论哪种情况，值班律师一般都不需主动提起会见诉求。综上，由值班律师帮助的案件，会见权的行使是呈现单向性特征的。

4.1.3 值班律师会见权的保障路径

鉴于值班律师会见权的单向性，值班律师与被追诉人会见的频次、质量，不可避免地存在劣势。既然值班律师的会见权如此重要，那么如何确保其有效运行就是格外关键的命题选项，否则会见权就难以避免被束之高阁的命运。对此，笔者认为，存在两方面要求必须切实得到保障：

4.1.3.1 保障会见的及时性

传统意义上会见权的行使，通常是辩护人与被追诉人就案件事实和证据情况进行核实和沟通，商讨辩护策略，以及代被羁押的当事人向亲属传达诉求和意愿。其实，这是在漫长诉讼进程中多次进行的重复性动作。每一次的权利行使往往没有急迫的时间要求，而在相对限定的范围内完成即可，除非存在某种必须尽快见面的紧急事项。比如一起案件进入审判阶段，预计在一个月之内开庭，辩护人可以在这个周期内的最初几天内选择时机与被告人会见，并商量庭审事宜。

与上述传统会见权的运行基点稍有不同，值班律师提供会见服务的权利大多集中在侦查早期，且具有一定急迫性。没有辩护人的犯罪嫌疑人、被告人，通常是在诉讼早期阶段需要接受法律咨询，以了解相关法律规定和涉嫌犯罪的性质结果等。尤其需要在明晰自身处遇的情况下，选择认罪与否以及在明知、明智的情况下对待侦查机关的侦查行为。对于被追诉人本身，这是影响其未来定罪量刑的关键节点。

为了保障会见的及时性，有关机关必须充分履行告知义务。英国对于被羁押人享有会见权的告知义务要求很严苛，即便被羁押人拒绝与律师会见，警察仍然要询问其是否需要电话咨询。如果被拘留者仍然拒绝，那么警察要询问并记录下原因。任何被陈述的原因均应记录于拘留记录或询问记录上。[1]《1984年警察与刑事证据法》守则C中规定，被拘留者会见权的行使只能根据本守则附件B的规定被延迟。[2] 而且无论如何不得超过36小时，一定要在被羁押人受审之前安排其与律师会见咨询。为了方便值班律师的及时会见，我国相关规范性文件对值班律师入所会见的手续和流程均进行了简化，并尽可能提供有效支持。[3] 不过，法律规范虽然规定了侦查机关的告知义务，但是实践

① 参见程滔：《辩护律师的诉讼权利研究》，中国政法大学博士论文，2005年，第90页。

② 如律师会见会干扰或破坏与一起严重的可捕罪有关的证据，或导致对他人的干扰或人身伤害；或会对其他被怀疑参与这起犯罪但尚未逮捕的人的警觉；或会妨碍对这起犯罪中损失的财产的追问等，将延迟该项权利的行使。

③ 2018年公安部、司法部《关于进一步加强和规范看守所法律援助值班律师工作的通知》第3条第3项，就如何保障值班律师会见作出规定：“值班律师会见犯罪嫌疑人、被告人，应当持律师执业证书（法律援助机构律师持律师工作证），实行挂牌上岗。看守所应当依据值班律师名册和留存的值班律师执业证书复印件，核实值班律师身份，依据犯罪嫌疑人、被告人法律帮助申请，或者人民法院、人民检察院、公安机关通知值班律师为在押人员提供法律帮助的通知书，及时安排值班律师会见在押人员。值班律师会见应当在律师会见室进行，在律师会见室不足的情况下，经值班律师书面同意，可以安排在讯问室会见，但应当关闭录音、监听设备，并做好安全防范工作。”鉴于值班律师实行名册化管理，文件还规定法律援助机构要且与看守所实现值班律师信息共享，“法律援助机构要向看守所提供并及时更新驻看守所值班律师名册或者值班律师库；提供值班律师律师执业证书复印件；提供值班律师排班表、值班方式和联系方式。”

中仍然有侦查机关怠于履行义务，并且不履行告知义务也没有任何制裁措施加以惩戒。甚至还有个别办案单位以各种理由拖延律师的会见。这是在未来需要加以严格规范和惩戒之处。

4.1.3.2 保障会见的私密性

域外国家非常关注律师与当事人会见时不被监听、监视。为了接轨国际标准，我国在2012年修改刑事诉讼法时新增了律师会见时不得监听、监视的规定。这在制度层面保障了会见双方谈话的私密性和实质性，不必因为有其他人在场而惮于交流。值班律师的会见过程也应当遵循这一原则。但囿于法律层面一直未认定值班律师的辩护人地位，尤其不承认其与辩护律师享有同等权利。其体现在会见权方面的表现，则是不遵守会见不被监听、监视的规定。在实践中，值班律师去会见被帮助人时常常都有侦查人员或者看守所管理人员在场，使得犯罪嫌疑人、被告人不敢咨询案件的实质性问题，而只能泛泛了解政策和法规的内容。于是，法律帮助的效果大打折扣。域外国家对于值班律师会见的私密性保障良好。比如，英国警局值班律师在讯问开始前可以与犯罪嫌疑人进行单独会面，为其解答法律问题和提供建议。值得欣慰的是，我国部分地区已开始规范会见时侦查机关的行为，要求其严格按照《刑事诉讼法》规定退出会见场合。《广州市刑事诉讼法律援助若干规定》是我国首个地方刑事诉讼法律援助规定，较为突出的创新亮点主要体现在明确值班律师以“两证”会见和值班律师名单通报制度。由此，突破了为认罪认罚犯罪嫌疑人、被告人提供法律帮助，而无法单独会见的制约瓶颈，不仅为实现有效法律帮助创造了前提，更明确了承办认罪认罚案件的值班律师的阅卷、会见权利和提供法律帮助的内容，以保障实现有效法律帮助的目标诉求。①

4.2 阅卷权

尽管中国的刑事司法运行格局常常受到“案卷笔录中心主义”的诟病，但不容回避的是，时下如果缺少了这一信息载体就意味着案件办理将陷入失序状态。对于两造中的被动一方而言，阅卷权的维系更扮演了控辩平衡的支点角色。毫不夸张地讲，阅卷权无异于辩护活动顺利开展的“生命线”。对于值班律师而言，这也是首当其冲的权利配置。

4.2.1 值班律师享有阅卷权的立场归纳

阅卷权作为辩护律师的专属权利，理所当然地亦属于值班律师。英美法系国家的认罪协商程序均是以证据开示制度为前提的，即辩护律师必须在全面了解控方证据的基

① 参见彭志强：《广州法援值班律师参与认罪认罚从宽案件一万八千多件》，载中国日报网（chinadaily. com. cn）。最后访问时间：2023 年 4 月 15 日。

础上进行协商谈判，为当事人争取最有利的结果。无独有偶，大陆法系国家同样重视认罪案件中律师对于案件证据的掌握。例如，法国的刑事诉讼法就规定，被告人接受检察官的指控，承认一项或数项量刑建议，必须有辩护律师在场并且当场查阅案卷。[①] 尤其在被追诉人不享有案情信息的司法制度里，律师的阅卷权则是保障其罚当其罪、受到公平审判的基本性权利。尽管在认罪案件中，犯罪嫌疑人、被告人对自己犯下的罪行供认不讳，但却通常缺乏专业知识方面的判断。特别是对证据的真实性、可采性等技术性课题的难以把控，若缺少专业律师对其的帮助指导，便极容易在后续被简化的庭审程序中处于全面被动之境地。令人遗憾的是，值班律师制度在我国出台的期间内，相关规范性文件以及新修改的《刑事诉讼法》均未对阅卷权直接规定，从而引发了理论和实务层面的激烈探讨。

肯定一方认为，值班律师应当享有阅卷权。《刑事诉讼法》第173条规定，人民检察院应当提前为值班律师了解案件有关情况提供必要便利；查阅案卷则属于必要的便利，否则值班律师无法提供实质有效的法律帮助。否定观点却认为，值班律师的职能仅是提供法律帮助。有关规范明确规定值班律师不提供出庭辩护服务。由此可见值班律师不等同于辩护人不能享有辩护律师专属的阅卷权。此外，还

---

① 参见世界各国刑事诉讼法编辑委员会：《世界各国刑事诉讼法》（欧洲卷上），中国检察出版2016版，第655-656页。

有一些实务工作者认为，没有必要赋予值班律师阅卷权。因为，认罪认罚案件大多案情简单、证据充分，检察机关完全有能力把控案件证据的合法有效，而允许值班律师阅卷反而降低了效率，有悖于制度的设计初衷。其实，这种观点缺乏正当性基础。倘若按照此一逻辑，检察机关凭借客观义务和职业伦理的要求就能客观公正地处理案件，那么所有辩护律师便失去了存在必要，显然这样的推论是不能自洽的。相反，正是因为被追诉人做出认罪认罚表态，进而导致庭审程序被简化；检察官才无须耗费时间和精力进行举证、质证；而法官在适用简易程序或速裁程序进行审理后，就可以直接对被告人定罪量刑；由此必须做到“功夫在诗外”，即在审查起诉阶段值班律师通过阅卷，来保障被追诉人认罪认罚的真实性。

实践中就有部分认罪认罚试点地区积极探索，给予值班律师选择阅卷与否的权利。例如，广州市于 2018 年出台《广州市刑事诉讼法律援助若干规定》，明确规定了值班律师享有阅卷、会见权利和提供法律帮助的内容；成都市于 2019 年出台的《法律援助值班律师提供法律帮助工作规定》也明确规定了值班律师“针对影响定罪量刑的情节进行阅卷，并会见犯罪嫌疑人、刑事被告人”，收获了积极的法律效果和社会效果。或许是立法机关已然转变了心意，尽管在法律层面依旧没有承认值班律师的辩护人身份以及阅卷权，随后颁布的《认罪认罚指导意见》明确规定了值班律师的阅卷权。[①] 而后出台的规范性文件以及《法律援助法》均顺应保持了这一规定。当然，同时也作出了一定限制，即值班律师仅能“查阅案卷材料”而不能“摘抄、复制”。这主要考虑到值班律师与辩护律师的诉讼地位还是存在差异，权利不可能完全等同。[②] 这一文件尽管仍然有所保留，并进行了差异性规定，但还是大大推动了值班律师阅卷权入法的进程。

4.2.2 赋予值班律师阅卷权的论点解析

在这里，笔者首先要澄清两个实务部门的困惑。首先是赋予值班律师阅卷权是否会影响司法公正。笔者认为并不会影响司法公正，理由如下：第一，众所周知，与英美法系崇尚言词辩论不同，大陆法系国家更倾向于阅卷裁判。但是在域外很多国家，包括传承大陆法系传统的法国、德国，均有着形式各异的律师在场制度，尤其是侦查讯问环节，律师（包括值班律师）在场监督警察讯问活动的合法性，提供必要的法律帮助。而在我国并没有此制度，因此更是依赖于律师阅卷来发现非法取证和虚假供述的线索。如果不赋予值班律师阅卷权，那么将难以发现被追诉人认

---

① 该文件第12条规定：“自案件移送审查起诉之日起，值班律师可以查阅案卷材料、了解案情。人民法院、人民检察院应当为值班律师查阅案卷材料提供便利”。

② 参见苗生明：《认罪认罚从宽制度适用的基本问题》，载《中国刑事法杂志》2019年第6期。

罪认罚的不当，甚至造成误判。第二，我国刑事辩护率低下，意味着大部分案件要依靠值班律师来提供法律帮助，判断公诉机关的定罪量刑是否符合法律规定，协商程序是否合法有效，阅卷权是值班律师做出精准判断和充分参与量刑协商的必要支撑。第三，被追诉人认罪与否不仅仅产生证据法上的效力，也是促成诉讼程序繁简分流、程序和实体从宽的重要标志，因此，没有阅卷权的签字也好、见证也罢，说服力并不强。

其次是赋予值班律师阅卷权是否影响诉讼效率的问题。值班律师的主要职责是提供法律咨询（包括认罪认罚的建议）、程序选择建议，以及对案件处理提出意见等，缺乏阅卷权的保障，那么值班律师会处于一种信息不对等的状态，很难平等的与检察机关进行量刑协商，沦为形式意义上的“平等协商”。因此，笔者认为赋予值班律师阅卷权是一个有实质意义的价值体现，毕竟在司法领域，公正是第一顺位的价值取向。当然，不可否认的，在一定程度上值班律师行使阅卷权会造成诉讼效率的降低，但是根据实践现状，认罪认罚案件在一审判决后有上诉的情形，意味着被追诉人基于各种理由反悔，如果赋予值班律师阅卷权，在了解案卷的基础上进行法律帮助和量刑协商，那么在理论上被追诉人认罪认罚反悔的几率将会大大降低，在这个层面上来说，阅卷权反而促进了诉讼效率的提升，节约司法资源。

毫无疑问，值班律师享有阅卷权，这已然被多个规范性文件和《法律援助法》所确认。赋予值班律师阅卷权，不仅是开展控辩协商、促进司法公正的必要前提，更是我国制度资源有限情况下的现实之选，因此是不可或缺的。肯定值班律师阅卷权的前提下，应当明确其权能范围。相关规范性文件均采用“查阅案卷材料”的表述，[①] 有别于《刑事诉讼法》规定的辩护律师可以“查阅、摘抄、复制”案卷材料，很明显将值班律师阅卷权的行使范围限缩在仅可查阅，而不得“摘抄、复制”。这是目前规范性文件和学界主流观点冲突比较大的地方。有学者从立法论的角度阐述值班律师应当享有完整的阅卷权能，阅卷权并非辩护人独享，应当为值班律师提供实质性法律帮助提供“查阅、摘抄、复制”的完整阅卷便利。[②] 也有学者从解释论的角度，论证现有规范性文件与《法律援助法》第 37 条原意不符，该条文明确使用的是“阅卷”而非“查阅”。[③] 笔者认为，值班律师是否应当被赋予完整的阅卷权能，应从制度目的出发探寻值班律师的制度功能是否需要，而非陷在“身份论”的无解循环里。制度功能是权力配置的决定因素，而赋权行为则是制度功能发挥的前提条件。如何设置值班律师的阅卷权能，要看法律所赋予的职责。首先可以肯定的是，值班律师的制度功能必然涵盖了对——速裁和

① 《认罪认罚指导意见》第 12 条第 2 款、《值班律师工作办法》第 6 条第 3 款、最高院司法解释第 53 条等。

② 参见林艺芳：《刑事值班律师阅卷权研究》，载《河南财经政法大学学报》2021 年第 3 期。

③ 参见贾志强：《回归法律规范：刑事值班律师制度适用问题再反思》，载《法学研究》2022 年第 1 期。

认罪认罚从宽制度中——律师帮助缺位问题的回应；在随后的三次递进式刑事律师辩护全覆盖试点工作中，改革者似乎又力求将值班律师作为一种辩护的主要来源，提升至与传统辩护人并重的地位。截止2018年9月底，在各地的辩护律师全覆盖试点中，因扩大通知法律援助辩护范围导致案件数量一共增加了139 352件，其中由值班律师提供法律帮助的案件多达59 090件，占比42.4%，将近一半的案件由值班律师来提供帮助。[①] 2021年，全国各地因开展试点值班律师提供法律帮助的案件55万余件。[②] 如此大的案件体量与深度参与，毫无疑问是将值班律师与辩护律师的功能趋同化，以比照辩护律师之“有效辩护”的规格来保障有效的法律帮助水准；或者说，其实二者从事的工作内容并没有实质差异。毋庸讳言，值班律师在我国实际上担当了辩护人的职责，制度功能决定了值班律师应当享有完整的阅卷权。从程序公正的角度来说，值班律师也应当享有全部的阅卷权。在复杂的认罪认罚案件中，往往案卷可能成百上千本，值班律师在短时间内无法厘清事实与争点，若不被允许复制案卷，那么其所提供的法律帮助效果必打折扣。对于被追诉人而言，其诉讼权利和知悉权无从得到保障，只能沦为认罪认罚的“客体”，恰恰与程序正义背道而驰。

---

① 同上。

② 参见最高人民法院、最高人民检察院、公安部、司法部联合出台《关于进一步深化刑事案件律师辩护全覆盖试点工作的意见》。

4.2.3 值班律师阅卷权的实现路径

关于值班律师阅卷权如何实现，目前已有规范层面的支撑，剩下的问题就是实践中如何操作以及操作效果。在规范层面，根据《认罪认罚指导意见》规定，自案件进入审查起诉阶段起，值班律师就有权查阅案件、了解案情。这里面有两个重要信息：一是阅卷阶段与传统辩护律师在时间上一致，都是案件进入审查起诉阶段之后；二是值班律师有阅卷与否的选择权，当其选择阅卷时，司法机关应当配合并提供必要的便利。可以说，目前在规范层面上，基本不存在阻碍值班律师阅卷的因素了。然而，在实践维度上的问题仍旧较多且集中。首先，一些实践部门提出以值班律师参与提审的方式代替阅卷，以期同时达到充分了解案情和提高诉讼效率之目的。这在形式上颇有域外律师在场权的味道。此种做法有一定合理性和可行性，即能够近距离保障被追诉人认罪的自愿性。但是，受制于我国的案件移送制度，卷宗对于审判结果仍然起着近乎决定性的作用。而值班律师仅参与提审环节，仍然无法核实卷宗内证据是否合法有效，以及发现有利于从轻、减轻被追诉人处罚的其他证据。因此，对于以提审代替阅卷的做法，笔者持一定的保留态度。而且，从权利的基本理论看，阅卷权本可以由权利主体放弃，即在经值班律师同意后，通过参与提审来知悉案情、保证讯问程序合法，但是不能因此当然地排除值班律师的阅卷权。其次，在值班律师主观能动性方面，囿于值班律师业务繁多且补贴微薄，很大程度上可能并没有主动阅卷的意愿，除非是明显有争议或事实模糊、证据不足的案件。对此，应当通过提高值班律师工作补贴以及设置奖励机制，推动值班律师认真履责，积极行使阅卷权利。

而从阅卷权行使的便利性角度，则需要大力推广电子阅卷模式，建立诉讼全流程电子信息平台，以提高阅卷的效率和便利性。同时，《认罪认罚指导意见》指出要探索证据开示制度，保障知情权和认罪认罚真实性和自愿性。如果能够借鉴美国模式，即检察官在辩诉交易过程中对辩护律师进行证据展示，从而使其在掌握一定证据的情况下处分当事人的权利，便既解决了我国实践中存在的检察官与被告人——而非律师——进行协商的不妥做法，又能免去值班律师阅卷所带来的效率损耗，无异于一石二鸟的理想安排。

在此，可以对值班律师承袭的传统辩护权利稍加总结，即应当明确值班律师的阅卷权与会见权具有特殊性。值班律师基于其自身的特别属性，即使享有传统辩护律师的某项诉讼权利，其权利内容和行使方式也应当作出相适应的变动。对于阅卷权而言，传统辩护律师无一例外必须要进行阅卷工作，直至庭审结束，这不仅是辩护律师全面掌握案件证据、厘清争点的重要环节，更是对委托人的义务所在，因此辩护律师往往在案件移送审查起诉伊始便开始着手阅卷准备。但值班律师并没有阅卷的义务，而是“有必要的阅卷”。值班律师提供专业知识方面的法律咨询无需阅卷，只有在提供涉及案件处理意见等实质法律帮助的情况下才可能有阅卷的必要。例如酒驾、小额盗窃等情节非常简单的速裁案件，通过会见权的行使，值班律师就能把握案件事实和证据，给出适当的法律意见，从诉讼经济和效率的角度考量则无须阅卷。是否需要阅卷，决定权在值班律师手里。对于会见权，承上文所述，与辩护人会见不同，值班律师会见权具有单向行使的特征，启动主体一般是犯罪嫌疑人、被告人，充分显示被追诉人作为诉讼主体的积极能动性。相应地，有关机关和法律援助部门应当保障值班律师会见的及时性和私密性。

4.3 量刑协商权

既然值班律师参与的大部分案件系被追诉人已作出认罪认罚之表态，那么其所供给的法律帮助则更多必然集中于量刑事项。由此，量刑协商权就在值班律师的“武器库”中起到举足轻重的效应。由此，这也构成了值班律师在权能属性上，与普通辩护主体的差异性。当然，在阐明此一权限内容之前，需要首先明晰何为量刑协商权。

4.3.1 何为量刑协商权

量刑协商权，顾名思义是在认罪案件中，律师参与检察机关与刑事被追诉人就量刑问题进行协商并且发表意见的权利。与美国辩诉交易制度不同的是，认罪认罚从宽制度仍然秉持了追求真实的职权主义诉讼传统，不允许对起诉罪名和罪数进行协商，而只可对量刑进行协商，进而令律师在法定的幅度范围内为被告人争取最大的优惠。协商性司法必然包含协商的对立主体。在美国的辩诉交易制度中，检察官完全当事人化。囿于被追诉人通常没有法律专业知识储备和谈判技能，其与检察官的实力悬殊。只有律师才能与检察官进行协商，这也是对辩诉交易被告人放弃无罪辩护和量刑辩护的对价性保护。律师就案件事实、证据与检察官讨价还价，双方在互相进攻和让步中达成共识。最终，律师为当事人争取到最大化的定罪量刑优惠。倘若被告无资力聘请律师，政府则应为被告指派律师以保护其权利，通常即指派公设辩护人。[①] 在我国，量刑协商的双方通常是检察官与被追诉人。因此在没有委托辩护人的案件中，值班律师应当积极参与量刑协商过程，保障被追诉人的合法权益。同时，检察机关也应当尽快制定系统的值班律师参与协商机制。

4.3.2 量刑协商权的配置难题

不遑多论，对于值班律师的量刑协商权配给，无论从理论还是实践上都存在一定的难题。总的来说，可以归纳

① See White v. Maryland, 373 U. S. 59 (1963). 此判决指出被告人在刑事诉讼的重要阶段（critical stage）有受公设辩护人协助之权。一般认为“协商”绝对是刑事诉讼的重要阶段。

为如下两个方面的情形。

4.3.2.1 理论争议

对于我国认罪认罚从宽制度是否具有量刑协商的部分，实务界和学术界存在不同的声音。检察机关的实务工作者认为认罪认罚案件没有协商，而只有精细化的量刑指南；被追诉人及其律师只需考虑是否接受量刑建议，并没有任何讨价还价的余地。此外，认罪认罚从宽制度是否存在量刑协商，在学术界也存在着分歧。有学者认为，量刑协商存在的正当性基础，来源于认罪认罚从宽制度的权利属性。[①] 大体而论，认罪认罚是被追诉人的权利而非义务，被追诉人有权选择认罪以及进行量刑协商。量刑辩护权则是认罪认罚权利的自然延伸，应当受到尊重和保护。

量刑协商对程序正义的重要价值不言而喻。有学者认为量刑协商制度是实质的程序正义观念延伸到了公力合作模式中，保证量刑协商过程的公正性，即为保证了被告人认罪认罚的自愿性，经过公正程序得到的裁判结果才具有公正性。[②] 对此，笔者认为，协商性抑或合作性司法的核心在于达成诉讼合意，而诉讼合意的形成只能在控辩平等对话的条件下，否则不能称之为“合意”，而是“同意”。故而从目的解释的角度，认罪认罚从宽制度内含了量刑协商

---

① 参见闵春雷：《回归权利：认罪认罚从宽制度的适用困境及理论反思》，载《法学杂志》2019 年第 12 期。

② 参见陈瑞华：《刑事诉讼的公力合作模式——量刑协商制度在中国的兴起》，载《法学论坛》2019 年第 4 期。

机制。而刑事诉讼法也明确规定了检察院提交的量刑建议一般具有刚性约束力,[①] 足以证明量刑协商的必要性和审慎性。只有在肯定量刑协商的前提下，才能谈及值班律师在量刑协商过程中的真正功用。

对此，笔者认为，只有在肯定量刑协商的前提下，才能谈及值班律师在量刑协商过程中的真正功用。

4.3.2.2 实践问题

被追诉人通常没有法律专业知识储备和谈判技能，在协商性司法程序中，其与检察官的实力悬殊，因而需要律师介入提供帮助。律师就案件事实、证据与检察官讨价还价，双方在互相进攻和让步中达成共识，最终为当事人争取到最大化的量刑优惠。在我国，量刑协商的双方通常是检察官与被追诉人，因而，在没有辩护人的案件中，值班律师应当积极参与量刑协商过程，保障被追诉人的合法权益。目前对于值班律师的量刑协商权配给，无论从理论还是实践上都存在一定的难题。

首先，法律规定模糊导致实践中量刑协商被异化为“听取意见”。例如，《刑事诉讼法》第173条仅规定，在审查起诉阶段，被告人选择认罪认罚的，人民检察院应当听取犯罪嫌疑人、辩护人或值班律师等主体的意见。然而该法并没有进一步规定在什么时间、什么场合听取值班律

① 《刑事诉讼法》第201条规定：“对于认罪认罚案件，人民法院依法作出判决时，一般应当采纳人民检察院指控的罪名和量刑建议……”

师的意见。立法层面的语焉不详导致协商性司法演变为实践中的“听取意见式司法”。[①] 应当面对面的听取意见也异化为书面方式审查。检察机关在我国作为司法机关，理应贯彻直接言词原则，尤其在认罪认罚案件中，检察官更是凸显了司法官的特质，从量刑建议的刚性效力角度来说，其某种程度上承担了法官的部分职能。面对面沟通不仅是尊重辩方程序主体地位的表现，更有利于检察官倾听、理解律师的意见表达，容易与辩方达成共识。不论何种方式“听取意见”，实践中殊途同归，检察官只告知从宽处罚的结果，并没有就量刑内容与律师进行协商。[②]

其次，控辩双方协商能力不对等，检察机关缺乏量刑协商的动力。例如某基层法院作为速裁程序试点单位，2014 年至 2016 年共办理速裁案件 547 件，但在审查起诉环节有律师参与的仅有 28 件，参与率为 5.1%。[③] 对于检察机关的量刑意见，值班律师往往在具结书签署之前简单确认了事，鲜有提出异议或者发表自己看法的表达。再如，有的检察官为了方便办案，先与被追诉人签署具结书，而后召来值班律师集中处理一批案件，批量对具结书进行签字

---

① 参见闫召华：《听取意见式司法的理性建构——以认罪认罚从宽制度为中心》，载《法制与社会发展》，2019 年第 4 期。

② 参见许世兰、陈思：《认罪认罚从宽制度的基层实践及思考》，载胡卫列等主编《认罪认罚从宽制度的理论与实践》，中国检察出版社 2017 年版，第 357 页。

③ 参见陈重喜、李瑛：《认罪协商机制中的律师参与》，载胡卫列等主编《认罪认罚从宽制度的理论与实践》，中国检察出版社 2017 年版，第 613 页。

背书。这一做法显然违背了律师在场的最低限度要求，无法起到实质性帮助。①

最后，值班律师在量刑协商过程没有尽到有效法律帮助。正如有学者所说，值班律师制度无法保证被追诉人获得真正的有效的辩护，难以对公诉方的指控给予有力的制衡。②

4.3.3 量刑协商权的实现路径

承前所述，我国需要进一步探索量刑协商权的实现路径。笔者认为，这一实现路径的核心在于明确值班律师开展量刑协商的强制性。这主要包括三个维度上的考虑：

第一，被追诉人往往对律师帮助表现出极大的随意性。根据有关实证研究表明，学历越高的人越重视律师帮助权的实现。而在文盲和初中学历及以下的人群中，有一半以上的人认为认罪认罚之后不再需要律师的帮助。这类“低知”人群的比例占到59.9%。③ 大多数犯罪嫌疑人、被告人知识水平不高，认知能力有限，对于权利的处分过分轻率。“由于犯罪嫌疑人对值班律师制度及认罪认罚从宽制度的内容并不了解，检察官在询问是否需要值班律师在场提

① 参见闵春雷：《回归权利：认罪认罚从宽制度的适用困境及理论反思》，载《法学杂志》2019年第12期。

② 参见陈瑞华：《认罪认罚从宽制度的若干争议问题》，载《中国法学》2017年第1期。

③ 参见胡卫列等：《认罪认罚从宽制度的理论与实践》，中国检察出版社2017年版，第285页。

供帮助时，犯罪嫌疑人往往表现出极大的随意性。”[①] 在认罪认罚从宽制度试点工作启动之后，针对速裁阶段值班律师制度适用率偏低的突出问题，决策者将“依申请提供”修改为“应当提供”值班律师法律帮助。同样，在量刑协商过程中，更加需要专业律师来就案件的认罪情况和量刑建议的适当性进行审查和把握，而不能将这一权利交由被追诉人主导。值班律师的加入一定程度上可在协商效果和权利保障等方面发挥作用，还能有效防止被告人在审判阶段的反悔，进而造成程序回流和司法资源的浪费。

第二，检察机关把握量刑建议的绝对主导权。承继上文存在的实践问题，检察官在量刑建议制度中过于强势的表现有违认罪认罚从宽制度的协商属性，导致检察机关与被告人的地位更加悬殊，被告人只能选择接受控方提出的量刑优惠抑或承担更重刑罚的风险。正因为缺乏律师的有效协商，被告人无法知道是否真正得到了实惠以及刑罚优惠的幅度，容易造成不满情绪甚至引发上诉。[②] 如果将量刑协商权强制化，一方面可以倒逼检察机关审慎对待量刑意见的提出，打消回避与专业律师进行量刑协商的侥幸心理，遏制检察官蓄意诱导被追诉人认罪认罚的结果出现；另一方面可以充分保障被告人的法律帮助权和程序主体地

---

① 参见胡卫列等：《认罪认罚从宽制度的理论与实践》，中国检察出版社2017年版，第342页。

② 参见胡铭：《认罪认罚案件中的量刑协商和量刑建议》，载《当代法学》2022年第2期。

位，避免因协商缺位导致的程序回流。具体实现路径有二：一是制定系统的认罪认罚从宽量刑指南，规范控辩双方量刑协商的合理空间；二是检察机关应当为值班律师的权利行使提供便利，可借助“诉前会议”，将量刑协商的地点和时间明确化，对协商过程进行程序化改造。

第三，认罪协商程序中律师的强制参与已成为国际共识。考察域外立法，认罪协商程序不得放弃律师帮助权，已经纳入各国的明文立法。例如，法国在吸收美国辩诉交易制度的精华时，意识到律师帮助的重要性，从而建立了较为完善的律师参与机制，规定律师应在程序的任何阶段当场提供法律帮助。[①] 由此可见，在认罪协商程序中的强制性律师帮助权体现了国际发展趋势。

4.4 律师在场权

认罪认罚从宽是“以审判为中心”的诉讼制度改革所催生出的程序性建构，其目的在于促进案件繁简分流、节约司法资源，达于司法公正与效率平衡的最优化。不同于传统的控辩对抗形态，认罪认罚从宽体现了协商性司法的基本精神，核心要素是保障嫌疑人供述的自愿性和控辩平

① 《法国刑事诉讼法典》第495—8第4款规定：“（在庭前认罪答辩程序中）被告不得放弃律师协助权。”律师应在程序的任何阶段现场为被告提供咨询和帮助。参见施鹏鹏：《法律改革，走向新的程序平衡》，中国政法大学出版社2013年版，第25页。

等协商。律师在此项制度运行中的价值不言自明，故而引入值班律师就成为回应律师缺位之正当性危机的必由路径。不无遗憾的是，刑事诉讼法和认罪认罚从宽制度相关规范性文件均未规定律师介入的最早时间，只明确在被追诉人签署认罪认罚具结书时必须有律师在场。在现实层面，值班律师就不免异化为程序的见证者，而被追诉人是否基于自愿“认罪认罚”、与检察官是否“平等协商”则不得而知，导致认罪认罚核心的基础性难题没有得到实质解决。于是，律师在场权的供给就再次获得了难得的发展契机。[①]

4.4.1 新时期的新机遇

我国学术界及实务界对于律师在场权的相关讨论始于上世纪末。当时的学术讨论背景是：一方面，在“依法严厉打击刑事犯罪分子活动”时期，我国侦查机关滥用侦查权力的现象频发；另一方面，1996 年《刑事诉讼法》修订虽然取得了辩护权发展的关键一步，但是赋予辩护律师的一众权利在实践中几乎无法行使，一时间呼吁增强并扩大辩护权的声音高涨。基于上述背景，域外国家所确立的律师在场权开始进入国内学者的视野。比如，2002 年至 2004 年间，就有学术团队先后于北京、广东省珠海市、河南、甘肃等地开展侦查讯问时律师在场的试点工作，取得了开

① 参见杨波：《论认罪认罚案件中值班律师的功能定位》，载《浙江工商大学学报》2018 年第 3 期。

拓性的成果和经验。实验活动表明，侦查人员对讯问时律师在场的态度经历了“抵触—适应—欢迎”的转变，通过律师在场的作用，侦查人员自觉规范讯问行为，减轻了嫌疑人对抗情绪，诉讼权利得到保障。后续程序中翻供现象骤减，办案效率也得到了提升。课题组还对比了有律师在场和无律师在场的认罪率，得出有律师在场的案件中嫌疑人认罪率明显偏高的结论。[①] 还有学者从诉讼主体理论、程序正义理论、无罪推定原则、控辩平等原则等理论层面深刻论述了律师在场权设立的正当性基础；[②]《刑事诉讼模范法典》编纂了律师在场权的条文，并详细论证了该制度的构建，主张借鉴英国经验，建立我国的值班律师制度。[③] 这一设计思路与很多学者的观点不谋而合。

但是，2012 年《刑事诉讼法》的修改并没有吸纳学者关于律师在场权的立法愿望，一些地方的零星试点，也在项目结束后偃旗息鼓。[④] 任何制度都不是孤立存在的。一方面，当时的律师制度发展水平还较低。另一方面，羁押体制依然问题突出。在预审讯问场所、时间、次数不受任

---

① 参见顾永忠：《关于建立侦查讯问中律师在场制度的尝试与思考》，载《当代法学》2005 年第 5 期。

② 参见宋志军：《侦查程序中辩护律师在场制度的构建》，载《江汉大学学报》2006 年第 3 期。

③ 参见陈卫东：《刑事诉讼模范法典》，中国人民大学出版社 2011 年版，第 19 页。

④ 参见王琳：《律师在场权请勿停留在“特权”》，载中国经济网——国家经济门户（ce.cn），最后访问时间：2023 年 4 月 15 日。

何法律限制的情况下，律师无论是与在押嫌疑人的会见还是“在预审讯问过程中在场”，都难以具备最基本的制度保障。[①] 配套制度的缺失阻碍律师在场制度落地生根。同时也有学者担心效率问题，认为不可将律师在场作为一项不可剥夺的权利，律师不在场就不能开始正式讯问，会对诉讼效率构成严重损害。[②] 而从律师的角度，似乎也对此项议程并无热情。毕竟，以彼时的控辩关系，律师介入讯问活动并无把握给予犯罪嫌疑人有效的法律帮助。即便创设了在场权，恐怕也难以制约强大的侦查权，反倒会伤害辩护权本身。因此，当时在学术界呼吁建立律师在场制度的同时，其他替代性措施也在同步探索，最主要的成果是录音、录像制度。[③]

然而，随着时代发展，非法讯问已越来越隐秘，单单依靠录音录像制度根本难彰其效。而律师在场相较于录音录像具备制度的灵活性，因为律师作为法律专业人士可以明辨讯问活动是否存在隐蔽的违法现象。同时，人员在场带给警察讯问的压力要远大于机器设备，律师的监督能够起到倒逼侦查者提升讯问技巧、完善讯问提纲等作用。此外，认罪认罚从宽制度的生命线是保证犯罪嫌疑人、被告

---

① 北京市朝阳区司法局课题组：《开展刑事案件律师辩护全覆盖试点工作的实证分析——以北京市朝阳区为例》，载《中国司法》2018 年第 11 期。

② 李建明：《犯罪嫌疑人辩护权的立法保障——兼论刑事错案审前预防》，载《中外法学》2007 年第 2 期。

③ 宋英辉主编：《刑事诉讼法学研究评述（1978—2008）》，北京师范大学出版社 2009 年版，第 179 页。

人认罪的自愿性，即便认罪认罚案件引入值班律师制度，以作为被追诉人的权利保障措施，但是，值班律师仅有的法律咨询、发表意见和具结时在场等职能，并不足以保证被追诉人在认罪时是完全出于自愿，且没有受到威胁、引诱和欺骗等非法讯问方法的干扰。相应在场权利的缺失，无疑将直接影响认罪认罚从宽制度的目标效果。

如果说先前我们尚不具备确立律师在场权的条件，那么值班律师的推而广之则一举打破了前述“封印”。只有律师在场，嫌疑人面对强大的追诉机器、封闭的环境才不会因胆怯、心理压力过大而选择认罪。只要处于持续压迫性和封闭性的审讯活动中，嫌疑人被动认罪可能性极高。相反，因有律师在场，可以起到弥合嫌疑人和讯问人员对立紧张关系的作用。以往有些犯罪嫌疑人可能会因身份的对立和内心的孤独感而拒绝配合讯问人员，不信任讯问人员给出的坦白政策。如果律师在场，嫌疑人基于对律师的信任反而会采取更积极的态度，基于自由意志作出利己的选择，当罪犯认清自身环境和认罪优惠时，趋利避害的心理往往会驱使他们放下侥幸心理，主动认罪。反之，因有律师的监督和见证，还会大大降低嫌疑人在庭审阶段反悔几率，避免程序回流，达成认罚认罚从宽制度的立法目的。这个层面来说，值班律师与律师在场权如同双生关系，不但不会对实体裁判造成结果损益，反而有所裨益。

4.4.2 律师在场权的域外模式

虽然各国对讯问时律师在场制度都做出了规范，但根据权限范围和权利行使方式的不同，可以大致分为两类：一类为积极抗辩式律师在场权，意味着律师不仅可以出席讯问活动，并且可以随时打断警察讯问，质疑讯问合法性或建议当事人不回答特定问题；另一类为消极防御式律师在场权，顾名思义，律师可以在讯问时在场，但不得打扰警察讯问，是一种消极监督并事后反馈意见的模式。迥异权利类型背后反映的是一国固有的法律文化和诉讼传统。

4.4.2.1 积极主义的在场权

积极主义的律师在场权是以英国为代表的。英国《1984年警察与刑事证据法执行细则C》中明确规定允许律师在讯问过程中澄清、打断不当提问和建议当事人不回答特定问题，并且讯问只有律师在场并向嫌疑人提供法律帮助才可以进行。英国也是最早开创值班律师制度的国家，为了弥补讯问时律师在场的不足，英国提供法律援助性质的值班律师进行法律服务。值班律师由个别律师事务所指派，他们经常无法满足警察局建议的24小时提供服务的要求，而且存在律师经验不足、专业性不够等问题，往往无法提供给嫌疑人有价值的法律建议。在英格兰和威尔士，嫌疑人和律师没有阅卷权，所有的案卷信息都是警察以口头方式提供，警察会采取分阶段披露证据的方式，对案情的知悉程度直接影响了律师在讯问活动中的介入程度，同时律师在行使在场权权利时不得不考虑与警察的关系，过分对立实际上并不利于后续辩护活动的开展。又囿于英国审前沉默权的行使可能导致对嫌疑人不利的结果，大部分律师在讯问活动中不敢直接建议嫌疑人保持沉默，这无疑是一种保守对策。①

欧盟近些年出台的指导性文件也颇有积极主义意味。欧盟（EU）法律帮助指令详细地阐述了为了使嫌疑人能够“在这样的时间和方式下接触律师以便实际和有效地行使其辩护权。”② 除了可以与其律师私下会面，还包括“他们的律师在被讯问时有权出席和有效参与。”③ 这种参与的本质不仅涉及本国的法律规范，很可能会破坏司法活动的协调和顺畅，但是会员国不能随心所欲损害律师在场权利的有效行使。同时欧盟还强调了在诉讼程序中律师享有对案件材料的信息知悉权。这一新的指令对成员国提出了明确的要求，要求成员国采取积极的措施进一步协调刑事案件中嫌疑人的程序保障。欧盟的这一组合式规定极大保障了律师在侦查阶段参与案件的权利，赋予其在讯问中“有效参

---

① 参见李·斯金斯：《警察局法律咨询的权利：过去、现在和未来》，L. Skinns, The Right to Legal Advice in the Police Station: Past, Present and Future', Criminal Law Review 1 (2011).

② 参见欧洲议会和理事会2012年5月22日关于刑事诉讼知情权的第2012/13/EU号指令，Directive 2012/13/EU of the European Parliament and the Council of 22 May 2012 on the right to information in criminal proceedings.

③ 同前注。

与”的资格。虽然对“有效参与”的形式没有细化，但不难从语义分析出此种参与必然包含最低限度的维权，即当警察的讯问侵犯嫌疑人权利时的抗辩，同时还涵盖了基于某种嫌疑人利益最大化考量的帮助，契合了辩护功能。比如欧洲人权法院希望律师的作用不仅限于准备和出席讯问活动，还必须核实拘留的合法性，并在必要时对其提出质疑；检查嫌疑人的福利（是否享有医疗服务等）；并准备案件辩护的思路。而为了有效地发挥这一作用，律师需要获得足够的报酬，并充分了解案件，以提供有意义的建议和支持。①

4.4.2.2 消极主义的在场权

律师在场权普遍存在形式为消极监督模式，例如法国、奥利地等绝大多数欧洲国家，仅允许律师在讯问后提问或提交观察报告，不允许在讯问过程中打断。虽然欧洲人权法院和欧盟的指令性文章倾向盟国采纳积极保护模式，提供了基本法律框架，但是捍卫犯罪嫌疑人的权利这一职能必须由辩护律师在其日常实践中来完成。各国的司法状况或许达不到欧盟的要求，导致他们一致采取被动的做法。法国为了回应 Salduz（萨多斯）判例，2011 年修改刑事诉讼法典，增加允许嫌疑人在警察审讯期间有律师在场的规

① 参见和田：《2013/48/EU 指令实施下的克罗地亚刑事诉讼欧洲化》，Wada Tsehai, The Europwanization of the Criminal Proceedings in the Republic of Croatia through the Implementation of the Directive 2013/48/EU, Journal of Ethiopian Law, Vol. 29.

定，但是限制律师在审讯中发挥积极作用，律师必须要保持被动的姿态直到讯问结束才可以提出或澄清问题。[①]《奥地利刑事诉讼法典》同样对律师在场权做出了严格的限制，要求律师不能在讯问结束前与犯罪嫌疑人沟通，也不能向讯问人员提问。[②] 俄罗斯允许“在侦查人员在场的情况下对当事人提出简短咨询及意见。侦查人员可以阻止回答辩护人的问题，当事人的提问要经过侦查人员许可。[③] 可见咨询权行使的决定权掌握在侦查人员手中，律师仍然是被动的角色。

消极主义在场权的功能主要是保障嫌疑人基本的诉讼权利（包括沉默权），监督侦查人员的讯问行为。荷兰于2017年建立了消极模式讯问时律师在场权，但在2008年至2010年，荷兰司法部在阿姆斯特丹和鹿特丹港市做过一项试验，赋予两个地区的涉嫌故意或过失杀人的嫌疑人，在第一次警察讯问中律师在场的权利，进而观察此权利对警察使用强制手段讯问和嫌疑人使用沉默权的影响。结果表明：第一，有律师在场，在审讯时警察可能会较少使用冒险的审讯策略。这意味着欧洲法院对于与司法不公的强制

---

① 参见杰奎琳·霍奇森：《律师在警察拘留和讯问中的作用：比较研究》，Jacqueline Hodgson ：The role of lawyers during police detention and questioning：a comparative study，Justitiele Verkenningen（Judicial explorations），March 2014 .

② 邵聪：《讯问时律师在场权制度的域外考察与中国构想》，载《法学研究》2017年第10期。

③ 同前注。

相关的意见有实证支持。律师的存在会妨碍使用那种可能导致虚假供词的胁迫行为。而这一结论又与英国的情形相似，《1984 年警察与刑事证据法》出台的头几年，几种强制性审讯方法的使用频率显著降低，最近的研究也证实了心理学家所认定的、存在问题的审讯技巧再也没有出现过。第二，有律师在场，嫌疑人使用沉默权的比例增加，这与第一点的作用有很大关系。[①] 这个实验基本反映了法、德、奥地利等国律师在场的真实作用，即保障犯罪嫌疑人基于自由意志进行供述抑或行使权利。律师在场本身对于讯问人员就是一种监督，这种威慑力量并不需要通过表达意见来体现。而实践表明，尽管对律师在场权作出了很多限制性规定，审讯人员还是对此心有抵牾，并没有真正将其视为实现公平审判的程序性设置。

4.4.3 律师在场权的实现路径

随着我国全面确立值班律师制度，不仅丰富了法律援助体系，扩大了法律帮助的范围，同时为律师在场权的落地生根提供了现实可行的制度支撑。从制度目的角度出发，律师在场制度与值班律师制度如出一辙，都是为了保障被追诉人的权利不受侵害，加强防御力量，二者均具有制度

---

① 参见威廉姆、史蒂夫：《荷兰审讯室中的律师：对警察和嫌疑人威利的影响》，Willem-Jan Verhoeven and Lonneke Stevens, The Lawyer in the Dutch Interrogation Room: Influence on Police and Suspect Wiley, Online Library（wileyonlinelibrary. com），18 January 2012 .

衔接的合理基础。值班律师作为在场律师的来源保障，既可以及时帮助犯罪嫌疑人，又可以在一定程度上提高侦查行为的效率。[①] 在时下的改革大背景下，无论从未来制度完善还是当下现实需要的角度考量，讯问时值班律师在场权变成现实且发挥实效，都是恰逢其时的。在人员供给方面也不必担心，近些年我国整体律师人数急剧上升，庞大的基数为值班律师制度与律师在场制度提供了可预期的供给支持。也许有人质疑律师的专业性问题，毕竟刑事业务只是律师业务范围中的一小部分，大部分律师可能没有办理刑事案件的经验，起不到律师在场的实质作用。这一点在域外国家也面临了同样的境遇，可以通过律师在场模式的设计来有效规避这一问题，例如只要求律师消极监督警察的讯问活动，对于明显侵犯人权的讯问行为加以制止，同时进行岗前培训，集中培训鉴别非法讯问行为的方法，这对于有法律背景的律师而言并非难事。

不过，律师在场的引入也要吸取过往的教训，充分考虑制度形态的本土化特质，着力于侦查讯问期间，却又要防止过度激进而造成的水土不服。对此笔者认为，在我国选择律师在场权的消极模式似乎更有利于制度功能的发挥。这是因为，讯问时的消极主义在场权能够实现最低限度的监督作用，保障嫌疑人的权利不受侵害，又不会过度影响

---

① 中国政法大学法律实证研究中心课题组：《侦查讯问中律师在场可行性报告》，载《人民法治》2017 年第 13 期。

讯问活动和侦查效率的实现，是平衡人权保障和侦查效率的现实之选。

关于在场律师的规范方面，如下几点要求应当加以持续贯彻。第一，律师全程在场监督讯问活动，不得干扰、打断侦查人员的讯问活动，讯问结束后在侦查人员的主持下核对讯问笔录，若有错误指出让其补充或改正，更正后在讯问笔录上签字。第二，事后撰写讯问观察报告，若发现讯问存在违法现象，及时反馈给侦查机关或向同级检察院提出申诉或控告。第三，委托律师和值班律师都必须遵守职业道德和侦查秘密的规定，不得散播、透露侦办案件的情况，不得影响舆论导向。[①]

4.5 出庭辩护权

对于辩护权而言，出庭发表意见似乎是天经地义的权利属性，而无需有所置喙。但是对于值班律师而言，其内嵌的临时性特质不免模糊了出庭辩护的该当程度。故而，此一权能的配置与否便成为一项显性命题。

4.5.1 目前的规定

根据刑事案件律师辩护全覆盖的改革要求，所有一审、

① 参见陈卫东、孟婕：《重新审视律师在场权：一种消极主义面向的可能性——以侦查讯问期间为研究节点》，载《法学论坛》2020 年第 3 期。

二审和再审的普通程序中若被告人没有辩护律师，均由法律援助机构指派法律援助律师来提供审判阶段的辩护服务；而只有在速裁程序和简易程序中，被告人没有辩护律师的情况下由值班律师提供法律帮助。速裁程序和简易程序的最大特征，即案件事实清楚、证据充分，被告人认罪且对适用的程序没有异议。而程序的简化意味着被告人对庭审辩护权的放弃，是自我权益处分的结果。由此，程序的结构设置和被告人的主观意愿双方面似乎都没有提供值班律师普遍出庭的合理性根据。

而在值班律师能否出庭辩护这一问题上，制度也表现出异常坚定，且从没有出现过动摇趋向。2017 年出台的《值班律师工作意见》第 2 条，就明确规定"法律援助值班律师不提供出庭服务"。此后，相关的规范性文件和《刑事诉讼法》均坚持了这一立场。其中的原因大致有两方面。第一，值班律师的制度初衷是为被追诉人提供及时的法律服务。其基本职能是法律咨询，并不是要替代或等同传统辩护律师，因此不具有辩护人身份，不能行使出庭权利。第二，确保值班律师认真履责，服务广大需要法律帮助的被追诉人，进而避免个别律师借助值班的机会私自拉拢案源，破坏值班律师制度的社会声誉。

4.5.2 域外国家的"原则+例外"经验

从域外经验看，值班律师原则上仅提供基础性法律服务，不提供出庭代理服务。例如在英国，值班律师同样不出庭。在英国刑事诉讼程序中，对于出庭律师的要求很高，负责出庭的律师被称为大律师或出庭律师。只有当值班律师被委托转为委托律师的情况下才可以出庭，否则无论是法院值班律师计划还是警署值班律师计划，其主要工作内容都是提供法律咨询和协助，不包括出庭辩护，尤其是在刑事法院内。

虽然值班律师原则上不出庭，但是也有例外情况。澳大利亚作为联邦制国家，各州或自治区均设有法律援助署，制定本地区的值班律师手册。各地区法律援助署均在地方法律和监狱配备了值班律师办公室，负责简易案件的处理和被追诉人的法律咨询。一般而言，对于轻微刑事案件，被告人会在开庭当日得到法庭值班律师的帮助，在必要的时候也可以提供出庭服务。例如案件紧急且当事人可能被判处有期徒刑，值班律师可以继续为当事人出庭辩护。维多利亚州法律援助署补充规定，如果案件被推迟审理或者被告人宣称自己无罪，还是要在法庭审理之前申请法律援助署指派法律援助律师进行代理辩护，而不能依靠值班律师。[①] 在加拿大和英国，凡是出庭受审的没有辩护律师的被告人，均无需被审查经济或其他条件，亦不必填写申请表或缴纳费用，且都可以享受法庭值班律师免费的法律帮

① 参见南澳大利亚法律服务委员会：《值班律师的角色》，See Legal Services Commission of South Australia: Role of the Duty Solicitor, https://lsc.sa.gov.au/dsh/ch01s01.php．最后访问时间，2023 年 4 月 15 日。

助，在必要时出庭代理被告人的权益。[1] 通过域外国家的制度经验可以看出，值班律师是否能够提供出庭服务，很大程度上取决于该国的司法需求，而不必墨守成规于一定范式。

4.5.3 必要的出庭辩护权

诚然，值班律师的制度初衷是解决侦查初期以及首次开庭日被追诉人的法律咨询问题，以弥补正式律师到位之前法律帮助的空缺。我国的司法环境是强制辩护的范围着实狭窄，加之认罪案件没有案件类型和可能判处刑期幅度的限制，没有律师出庭提供法律帮助就很容易出现问题。于是有观点认为，应当按可能判处的刑期来划分是否有必要出庭，比如可能判处 3 年以上有期徒刑的案件，值班律师必须出庭；可能判处 1～3 年有期徒刑的案件，值班律师可以出庭；可能判处 1 年有期徒刑以下刑罚的案件，值班律师可不出庭。[2] 笔者认为，不妨可以按照审判程序来进行切割，譬如速裁程序囿于直接省略了法庭调查和法庭辩论环节，一个案子短则五分、十分钟，律师出庭发挥作用的空间不大。加之速裁案件都是三年以下的轻罪案件，出于诉讼效率的考虑，开庭审理时可以没有律师帮助。对于

---

① 参见郭婕：《法律援助值班律师制度比较研究》，载《中国司法》2008 年第 2 期。

② 参见谭世贵、赖建平：《“刑事诉讼制度改革背景下值班律师制度的构建”研讨会综述》，载《中国司法》2017 年第 6 期。

适用简易程序的认罪案件，值班律师则可以出庭进行辩护。也有观点与笔者不谋而合，认为可能判处3年以上刑罚的适用简易程序的认罪案件，值班律师一般不出庭，如果被告人要求值班律师出庭辩护，值班律师可以出庭。对于认罪不认罚的适用简易程序审判的案件，由于被告人对量刑简易存在异议，为保证开庭时辩护人的权利，值班律师应当出庭。[①] 值班律师无论哪种分类方式，都体现了同一种核心旨趣，即在我国辩护率低下的司法环境中，必要时候值班律师应该被允许出庭辩护，以切实保障被追诉人的诉讼权利和实体利益。

① 臧德胜、杨妮：《论值班律师的有效辩护——以审判阶段律师辩护全覆盖为切入点》，载《法律适用》2018年第3期。

第 5 章　值班律师的工作模式

之前我们论证了值班律师发挥职能所必需的权利类型，那么这些权利又应在司法实践中如何操作呢？故此，本章将重点着墨于值班律师的工作模式，以保障上述权利能够精准适用及充分发挥效能。所谓工作模式，即工作方式，其意味着在每种模式下值班律师应当从事哪些工作以及如何实现相应的目标预期。总的来说，值班律师的工作模式主要可以归结为三个方面的集合，即咨询、法律建议以及出庭辩护。

5.1 咨询模式

首先，咨询模式是值班律师最为基本的工作模式之一。由于值班律师所内嵌的临时性、及时性之工作特点明显区别于传统辩护律师，其基础职能则主要体现在对接受帮助主体的法律常识咨询，因而形成了开展日常工作的主要模式——咨询模式。一般而言，这种“咨询”是通过值班律师与犯罪嫌疑人、被告人直接交谈来完成，而最常见的方法即为问答形式。此外，咨询模式的权利来源承接上一章权利框架中的会见权，并在其基础上可对相应的方式和内容做多元化理解。大体而论，对于在咨询中提供服务的值班律师而言，需要把握如下几个较为重要的问题。

5.1.1 咨询模式的实施原则

提供法律咨询服务是各国值班律师制度共通的职能类型。根据这一项职能的要求，值班律师务必依法、精准和客观地解答被追诉人提出的问题。故而，依法、精准和客观共同构成了值班律师提供咨询服务必须坚持的三项原则。其中，依法原则是对值班律师提出的最低限度要求，反映了解与刑事法相关的规范性内容系有效服务的基本保证。精准原则对值班律师的业务能力提出了更高层次的要求，即不仅应当懂法，还要做到精准把握，而不是略懂皮毛、浅尝辄止，并能够给出有的放矢的解答对策。客观原则是对值班律师提出的伦理要求。尽管值班律师具有辩护人的属性，但毕竟与被追诉人不构成委托代理关系，故在保障被追诉人诉讼权益的同时更要坚持客观立场，以维护司法公正。

具体而言，所谓依法原则，顾名思义是依照法律提供咨询服务。首先是依什么法的问题。在加拿大、澳大利亚和新西兰等国家，值班律师分为民事、刑事和家事值班律师等，而每一类别下值班律师的选任、分配顺理成章要以熟悉该领域法的适宜从业者为首选。在我国，目前只存在刑事值班律师这一种类型。那么，值班律师的基本功势必要诉诸于熟悉并掌握我国的刑事法及其司法解释、相关政策规章，方能从容应对来自任意不确定咨询者的各种疑问。而且，这种咨询服务不同于传统律师会见中的交流。传统辩护律师在承接案件之际便有大量时间研习案件牵涉的法律条款，能够于整体把握的前提下进行会见活动，从而胸有成竹地答疑解惑。而值班律师更多时候仅能凭借自身的知识储备，尤其需要熟稔于刑法体系内纷繁复杂的罪名类型，这显然需要一定的专业功力，故由刑事业务为主的律师担纲更为适宜。其次，值班律师还应当不断更新自身的专业储备，及时关注法条的变更。特别是随着近些年司法改革进程的加快，更应及时学习、领悟相应制度更迭的精神要旨，且运用到具体的答疑工作中去，以帮助犯罪嫌疑人、被告人准确理解自身处遇，共同寻找合适的诉讼策略。

至于精准原则，是指值班律师提供的问题解答不能模棱两可，更不能似是而非，而必须做到精细准确。在实体法方面。比如犯罪嫌疑人咨询的案件符合诈骗罪的构成要件，那么究竟是构成普通诈骗，还是合同诈骗、信用卡诈骗、抑或集资诈骗等罪责，值班律师就需要甄别出其中的细微区别，以及不同罪名之间可能的刑罚差异。这就涉及其咨询意见是否能做到精准化之问题。从直观角度，被追诉人往往只关心自身涉嫌的罪名以及潜在的处罚程度。而一位足以供给精准服务的值班律师，必然会拿出令其豁然开朗的答案，进而在有限条件下节省更多的时间和资源并服务更多的人群。这就是优秀值班律师所必备之素养。在程序法方面，例如取保候审的申请，被羁押的犯罪嫌疑人除了对实体法方面的关切之外，通常还会特别关注能否被取保候审。对此，值班律师应当特别了解取保候审的细节条件。这不仅仅关乎刑事诉讼法的规定，还要回归至侦查部门与检察机关的局部习惯。藉由把握司法机关在不同时期对于取保候审的态度变化及发展脉络，再结合咨询者的具体情况，才能判断其是否契合变更强制措施之条件。再者，值班律师应当特别明确认罪和不认罪可能诱发的程序选择及裁判结果，以便妥当应答被追诉者关于认罪和程序选择方面的疑问。因此，值班律师对于自身业务的熟悉度直接决定了其提供咨询服务的精准度，也就是所谓的服务品质。一般来说，有效辩护即要求律师要与委托人进行有效沟通，且能够有理、有据、精准、及时地开展辩护活动。[①] 相较而论，值班律师的咨询服务更应当见诸于此标准，着重提升自身的服务质量。

关于客观原则，是指值班律师的专业解答必须遵循法律事实的客观性要求，不偏不倚，不掺杂任何具有个人感情色彩的意涵表述。其一，值班律师与被追诉人非委托代理关系，亦不存在合同层面的权利和义务。值班律师的权利和义务虽在权利根源上来自被追诉人，但更代表了一定

① 参见陈瑞华：《有效辩护问题的再思考》，载《当代法学》2017 年第 6 期。

公共利益。由此，其既要维护被追诉人的诉讼权益，亦应保障全社会范围内的公平正义价值。因此，值班律师应当如实客观地解答疑问，不偏不倚。其二，值班律师的解答必须站在客观主义立场，作真实的意思表示。毋庸置疑，值班律师并不是心理咨询师或者政工管教人员，并没有安慰或教化犯罪嫌疑人的义务责任。有些值班律师在提供咨询的时候，为了使被追诉人能够充分理解自身处境而动之以情、晓之以理，并做深入浅出之专业阐释，这是值得肯定的沟通方式。但是，值班律师绝不能错将手段作为目的，过度受到犯罪嫌疑人、被告人的悔恨情绪感染，进而违背法律旨意而片面作错误表示。比如，安慰被追诉人所犯罪行可能不构罪或者性质不严重，令其抱有躲避惩罚的侥幸心理，为后续诉讼程序设置障碍。抑或是在对未成年人犯罪的咨询服务中，过分严厉地批评教育未成年人及其法定监护人。这是司法机关以及其他社会组织职能，值班律师不宜越俎代庖。其三，值班律师不得以招揽客户为目的，故意放大案件本身的严重程度，从而给被追诉人造成相当大的恐慌。同时，这也是对于值班律师最基本的职业伦理要求。

5.1.2 “有问必答”与“有问有答”

所谓“有问必答”，是值班律师提供咨询服务的一项基本方式。在域外设立警局值班律师的国家，一般情况是犯罪嫌疑人到案后、警察在正式开始讯问前，要询问其是否需要律师帮助；倘若犯罪嫌疑人需要的话，警局会按照值班律师名册或查询当天值班律师进行联系和通知；待到值班律师和犯罪嫌疑人事先沟通之后，警察再开始讯问活动；犯罪嫌疑人会就案件事实构成何种犯罪、是否应当行使沉默权等问题咨询值班律师；而值班律师则对前者提出的问题进行针对性解答和建议。这种模式实际上就是“有问必答”。在此语境之下，值班律师一般不会主动对案件事实和证据的其他方面提出质疑。我国以往在关于值班律师的规范性文件中，仅规定了值班律师的职能包括“提供法律咨询”,[①] 而没有形成具体的解释。在实务中，人们也将这种咨询直观理解为有问才有答，“问在前、答在后”。因此值班律师的咨询职能就限定在了“有问必答”的逻辑框架里，并将其作为完成咨询工作的显性标志。然而，这却是远远不够的。

首先，我们需要立足于语义学角度来分析，到底什么才是“咨询”。在中国古代，“咨”和“询”各代表了独立的意思，即咨是商量，询是询问。后来，二者才逐渐合成为一个复合词，具有以供询问、谋划、商量、磋商等意思。

---

① 相关规范性文件包括《认罪认罚试点工作办法》《法律援助值班律师工作意见》《全国刑事法律援助服务规范》等。

而咨询在管理学上的含义更专业。[1] 在法学领域的解读也与前者颇为类似，咨询都需要专业人士在一定的知识储备和经验基础上，对信息进行综合加工从而得出结论。不论是语义学还是专业领域的界定，均不难看出咨询的含义不仅包括询问，还囊括了商量和谋划的外延。而与商量及谋划之意相比，单方问询更突出了双方的互动性。因此，在刑事司法领域咨询也不应只具有单薄的问询含义，而应充分调适值班律师的主观能动性，以丰富其职能内涵，即做到"有问必答"和"有问有答"，通过互动达成圆满的咨询效果。

从专业性的角度，"有问有答"着实存在合理性和必要性。合理性投射了法律思维层面的考虑。比如，在值班律师解答 A 问题时，A 问题得以形塑的背景与基础可能涉及 B 问题，故仅简单回答 A 会存在答案偏颇之风险。对此，也可以从法律逻辑三段论出发来加以理解。值班律师在提供咨询服务时，仅回答大前提（法律规范）则可能不够准确，或者说不足以关注案件的特殊性；而在必要时候应了解小前提（具体的案件事实）为何，在结合大小前提之后才能推断出一个合理的论断。其必要性则是从值班律师的

① 咨询（consultation）是通过专业人士所储备的知识经验和通过对各种信息资料的综合加工，而进行的综合性研究开发。咨询产生智力劳动的综合效益，起着为决策者充当顾问、参谋和外脑的作用。参见周文新：《监理企业转型与全过程项目管理咨询服务的改革与创新》，载《中国标准化》2019 年第 10 期。

职责角度加以考量。关乎犯罪嫌疑人、被告人切身利益的重要问题上一旦被忽略，那么值班律师就有义务即时提醒被追诉人，以便更好地保障其诉讼权利。比如，值班律师可以主动询问侦查机关在取得口供过程中，是否存在暴力、欺骗、引诱等非法手段。假使犯罪嫌疑人、被告人通过值班律师的提示，认识到自身确实遭遇过非法取证行为时，对待权利保护及案件处理结果的态度或许就会迥然有别。在认罪认罚案件中，即便犯罪嫌疑人、被告人没有进行询问，值班律师也应主动告知其案件性质及认罪可能引发的程序及实体后果，并着重问询其是否仍愿作认罪认罚之表态。值得关注的是，虽然前期文件和刑事诉讼法均没有对“提供咨询”作出内涵解释，但是在“两部三高”新出台的《关于适用认罪认罚从宽制度的指导意见》中，关于值班律师职责的第一项即对值班律师提供法律咨询过程中应主动告知的内容作了明确表述。[①] 在未来的法律完善进程中，可以预期会更加突出值班律师提供咨询服务的主动性。

5.1.3 方式多样性与空间私密性

咨询模式的具体操作规范，系保证制度效果达成的重要条件。为确保被追诉人能及时、尽早和安全地获得咨询服务，有必要对其实现方式及条件设定作出更加灵活的

① 《关于适用认罪认罚从宽制度的指导意见》第 12 条第 1 款规定：“提供法律咨询，包括告知涉嫌或指控的罪名、相关法律规定，认罪认罚的性质和法律后果等。”

安排。

其一，咨询的方式要多样化，以供被追诉人的便宜选择，包括但不限于会见、电话、视频和书面等手段。其实在域外，公权力机关通常也不过向被追诉人提供值班律师的会见或电话咨询服务。对此，我们可以充分展现后发优势。而意欲探讨咨询方式则不免涉及值班之方式，毕竟后者的差异性安排也会影响咨询效率。总结域外经验，常规的值班方式主要涉及三种。第一，定期值班制。在案件量较大和律师资源充足的地区，即多采用“定期”制，安排值班律师在固定时间段、固定地点为被追诉人提供法律咨询。比如在警局、羁押场所及法院，配备同常规案件量相匹配的值班律师数目，并将其固定于一周每天或每隔几天值班。第二，名册待命制，其代表国家是日本。顾名思义，法律援助机构在看守所预留值班律师的轮流值班表。当存在值班律师之现实需求时，即可联系表中对应时间段的值班律师，而其根本不必候于值班律师工作站。这一值班方式适合于律师资源相对匮乏或者案件量较小的地区，例如我国的西部地区或经济相对困难的县一级行政区。第三，电话值班制。鉴于域外的司法令状主义机理，警察要在相当短的时间内将符合羁押条件的犯罪嫌疑人带到法官面前进行司法审查，因而英国、加拿大等国家的警局值班律师计划提供 24 小时电话服务，在白天与夜间均方便犯罪嫌疑人随时提出法律咨询申请。囿于司法制度的差异性，我国并不需要完全照搬上述做法，比如电话值班制度。结合诉讼流程的大致节奏与实际情况，藉由优化配置律师资源，可借助并扩充现有的“12348 法律服务热线”功能，在派出所、看守所等处所设置电话亭。由此，被羁押人可直接通过拨打热线电话获得及时的法律咨询服务。这就要求完善全国的电话网络点。而在此基础上，则可以借鉴英国经验，根据电话咨询的情况，由值班律师判断是否还需要提供面对面的咨询服务。其中，轻微犯罪的咨询通过电话完成即可；复杂的、有争议之案件则可提供会见服务。而通过电话服务的筛查机制，裨益于节约一部分律师资源，以提高服务效率。

在借鉴域外经验的同时，我国还应当充分发挥本土制度的优势。笔者曾走访国内很多地区的看守所及派出所，也参观过美国的一些警局羁押室，听取了专业人员介绍。通过对比发现，我国监区的现代化设施——包括监控系统和软件开发——在国际上已然处于领先水平。假设能进一步配备视频会见的相关技术装备，积极开拓视频咨询的全新模式，值班律师可以做到在律所内进行远程的面对面交流。而这种做法在北京、上海、广州等多地，已经开始进行尝试推广了。总体来说，应当尽可能地令被追诉人在最短时间内，以其最易接受和希望之方式来接受专业服务。此外，如果被追诉人提出以通信方式进行咨询，其要求也应当得到满足。只有多样化的方式才能保证值班律师以各种形式“随叫随到”。故此，决不能片面理解国家在看守所和法院建立值班律师工作站的目的，其并非为了只是为了满足提供会见之需要。

其二，务必要保证咨询空间的私密性。不论采取以上哪种方式进行咨询，有关机关都不得在场监听或私自拆封往来信件，破坏对话的私密性。对于会见权私密性加以保护的重要意义其实在前面的章节已然做了说明，在此不多赘述。而保障交流私密性的法律依据，则可追溯至刑事诉讼法关于律师会见权之规定。[①] 在这里需要说明的是，保障私密性可能一定程度上同监管安全存在抵牾关系。为此，会见场所的布局与设计就显得至为重要。为了避免值班律师的人身安全受到威胁，会见室内除了物理隔离手段必须得以坚持与强化外，实时监控应当以“看得到而听不到”作为基本的存续立场。这样，会见的私密性与安全性就达成了一定平衡关系。而当任何安全风险即将衍生之时，值班律师还可迅速求助于会见现场的警报装置。综上，值班律师便不必忧虑于自身的安全风险，而自如地投入咨询模

---

① 《刑事诉讼法》第39条规定：“辩护律师可以同在押的犯罪嫌疑人、被告人会见和通信。其他辩护人经人民法院、人民检察院许可，也可以同在押的犯罪嫌疑人、被告人会见和通信。辩护律师持律师执业证书、律师事务所证明和委托书或者法律援助公函要求会见在押的犯罪嫌疑人、被告人的，看守所应当及时安排会见，至迟不得超过四十八小时。危害国家安全犯罪、恐怖活动犯罪案件，在侦查期间辩护律师会见在押的犯罪嫌疑人，应当经侦查机关许可。上述案件，侦查机关应当事先通知看守所。辩护律师会见在押的犯罪嫌疑人、被告人，可以了解案件有关情况，提供法律咨询等；自案件移送审查起诉之日起，可以向犯罪嫌疑人、被告人核实有关证据。辩护律师会见犯罪嫌疑人、被告人时不被监听。辩护律师同被监视居住的犯罪嫌疑人、被告人会见、通信，适用第一款、第三款、第四款的规定。”

式中，相关的私密性环境亦未受到破坏。不仅如此，前述沟通和交流的私密性应当推广到所有咨询方式上。比如，电话咨询方式不允许监听双方的通话内容；而视频咨询方式即等同于会见，司法办案单位或者监管部门不可人为控制信号输送，尤其应杜绝任何有偷窥之嫌疑的技术干预；对于书面方式的咨询而言，则不能允许私自拆封信件之类的行径。

5.2 “提供法律建议”模式

《刑事诉讼法》第36条规定了值班律师针对被追诉人的四项主要职能，包括法律咨询、程序选择建议、申请变更强制措施以及对案件处理提出意见。其中，程序选择建议与对案件处理提出意见这两种职能实质上都体现了本节所指向的模式，只是其建议内容不同。此外，《刑事诉讼法》第173条还规定，人民检察院在审查案件时应当听取值班律师的意见。[①] 这里面的意见内容同样是关于案件实

① 《刑事诉讼法》第173条规定：“人民检察院审查案件，应当讯问犯罪嫌疑人，听取辩护人或值班律师、被害人及其诉讼代理人的意见，并记录在案。辩护人或者值班律师、被害人及其诉讼代理人提出书面意见的，应当附卷。犯罪嫌疑人认罪认罚的，人民检察院应当告知其享有的诉讼权利和认罪认罚的法律规定，听取犯罪嫌疑人、辩护人或者值班律师、被害人及其诉讼代理人对下列事项的意见，并记录在案：（一）涉嫌的犯罪事实、罪名及适用的法律规定；（二）从轻、减轻或者免除处罚等从宽处罚的建议；（三）认罪认罚后案件审理适用的程序；（四）其他需要听取意见的事项。人民检察院依照前两款规定听取值班律师意见的，应当提前为值班律师了解案件有关情况提供必要的便利。”

体处理，以及认罪认罚后的程序选择问题。① 换言之，值班律师享有向检察机关提出——涉及实体或程序方面——法律建议的权利。因此，笔者将值班律师在此方面的职能及权限，进一步提炼为“提供法律建议”模式。在“提供法律建议”模式之下，值班律师应当立足于法律，并结合案件事实和证据，秉持有利于当事人的原则，提供有价值的法律建议。

5.2.1 关于程序事项的建议

根据对《刑事诉讼法》和相关规范性文件的语义解释以及体系化把握，程序选择建议是指值班律师就被告人审判程序之选择进行专门建议。

关于程序建议的案件类型，根据认罪认罚从宽改革的相关规范性文件及《值班律师工作意见》的规定可以发现，②

---

① 在2019年年底公布的《人民检察院刑事诉讼规则》中，相关的意见内容被列举为如下几个方面：“（一）涉嫌的犯罪事实、罪名及适用的法律规定；（二）从轻、减轻或者免除处罚等从宽处罚的建议；（三）认罪认罚后案件审理适用的程序；（四）其他需要听取意见的事项。”

② 《值班律师工作意见》第2条规定：“法律援助值班律师应当依法履行下列工作职责：（一）解答法律咨询。（二）引导和帮助犯罪嫌疑人、刑事被告人及其近亲属申请法律援助，转交申请材料。（三）在认罪认罚从宽制度改革试点中，为自愿认罪认罚的犯罪嫌疑人、刑事被告人提供法律咨询、程序选择、申请变更强制措施等法律帮助，对检察机关定罪量刑建议提出意见，犯罪嫌疑人签署认罪认罚具结书应当有值班律师在场。（四）对刑讯逼供、非法取证情形代理申诉、控告。（五）承办法律援助机构交办的其他任务。法律援助值班律师不提供出庭辩护服务。符合法律援助条件的犯罪嫌疑人、刑事被告人，可以依申请或通知法律援助机构为其指派律师提供辩护。”

程序选择建议似乎仅是在认罪认罚案件中赋予值班律师的固有职能。但是根据刑事诉讼法第36条和司法部发布的《全国刑事法律援助服务规范》第7条b款，[①] 却并没有将程序选择的建议职能框定在认罪认罚从宽语境下。而且从值班律师制度的创设目的着眼，尽可能地帮助孤立无援的被追诉人，是完全符合制度肇始初衷的。因此，笔者认为，对于程序选择建议的案件类型应当做扩大化理解，即包括认罪和不认罪案件在内的所有案件类型。而在程序建议的工作重点上，值班律师则应当向被追诉人详细介绍不同庭审程序的流程特质和相互间的差别，尤其要申明不同程序选择所对应的辩护权利之克减或增加；再结合案件的实际情况，给予被追诉人一个或两个程序选择的建议，以供其参考、权衡。

5.2.2 对案件实体处理的意见提出

值班律师对案件实体处理提出意见，即指对定罪量刑等事项发表意见的职能，而此一属性则主要体现在认罪认罚从宽制度中。值班律师与认罪认罚从宽制度相伴共生，

① 《全国刑事法律援助服务规范》第7条b款规定："法律援助值班律师应主要提供以下法律服务：1）解答法律咨询，提供程序选择建议、申请变更强制措施、对案件处理提出意见；2）引导和帮助犯罪嫌疑人、刑事被告人及其近亲属申请法律援助，转交申请材料；3）在审查起诉阶段，依照刑事诉讼法第一百七十三条规定，就案件处理向检察机关提出意见；4）在认罪认罚案件中，依照刑事诉讼法第一百七十四条规定，在犯罪嫌疑人签署认罪认罚具结书时在场；5）法律援助机构交办的其他任务。"

而二者在适用范围均囊括了全部案件类型，且于时空上贯穿刑事诉讼的全过程。本质上，值班律师在认罪认罚案件中的工作内容与传统意义的辩护律师别无二致，均以提供有效辩护为目的。而其在实体层面的意见发表，则势必见诸于认罪认罚从宽之意涵的精准把握。下面我们不妨来拆分认罪认罚从宽制度的构成要素，进而分析值班律师相应的工作重点。

5.2.2.1 关于“认罪”的问题

假使通过值班律师“咨询”职能的有效发挥，以及公权力机关的信息渗透，被追诉人已然足以了解认罪可能带来的实体优惠及程序便利。这便是我们探讨“认罪”问题的前提基础。被追诉人面对公权力指控的态度，恐怕无外乎有三种可能性：不认罪、认罪或者模棱两可。基于此，值班律师的处置方式也各不相同。首先，对于被追诉人不认罪的情形，值班律师在阐明拒绝认罪可能引发的利益损失后，倘若前者仍然态度坚决，则值班律师不可作为公安、司法机关的协助者对其进行游说劝导，而必须尊重当事人的最终选择。其次，当被追诉人选择“认罪”之时，值班律师也要先排除非自愿意志作出上述表态的可能，并详细询问其是否遭受司法办案人员的不当诱导甚至威胁。例如，侦查人员通过承诺量刑从宽来欺骗被追诉人，或采取暴力与准暴力手段逼迫其认罪。当排除非自愿认罪的可能性后，值班律师应当主动了解案情与相关的当事人信息，判断其是否具有无罪或不负刑事责任的法定情节。一旦发现存在无罪之可能，值班律师要立即通知办案机关予以注意；若被追诉人符合法律援助条件，值班律师应帮助其申请援助律师介入；假如被追诉人均无上述情况，值班律师则可以协助其认知后续的“认罚”与“量刑”之内涵。对于最后一种情况，在当事人模棱两可、犹豫不决的时候，值班律师应该详细把握其症结之所在，系对全案犯罪事实均不承认还是部分予以承认；是对主要犯罪事实不予承认，还是对次要犯罪事实持保留意见，抑或对于犯罪性质存在异议。在此基础上，值班律师应当结合具体情况和规范性要求，从专业角度向其提供建设性意见，并说明其间的理由。[①]但是，最终的认罪与否还应当充分尊重当事人的意愿，并由其自主决定，值班律师不得替代被追诉人作出实体选择。[②]

5.2.2.2 关于“认罚”的问题

所谓“认罚”，是指犯罪嫌疑人、被告人在“认罪”

---

① 《认罪认罚指导意见》第6条规定：“认罪的把握。认罪认罚从宽制度中的认罪，是指犯罪嫌疑人、被告人自愿如实供述自己的罪行，对指控的犯罪事实没有异议。承认指控的主要犯罪事实，仅对个别事实情节提出异议，或者虽然对行为性质提出辩解但表示接受司法机关认定意见的，不影响认罪的认定。犯罪嫌疑人、被告人犯数罪，仅如实供述其中一罪或部分罪名事实的，全案不作认罪的认定，不适用认罪认罚从宽制度，但对如实供述的部分，人民检察院可以提出从宽处罚的建议，人民法院可以从宽处罚。”此条文明确划分了构成“认罪”的标准和边界，可以为值班律师建议的形成提供规范依据。”

② 参见周新：《值班律师参与认罪认罚案件的实践性反思》，载《法学杂志》2019年第4期。

的基础上，愿意接受处罚的表态。结合“认罚”的内涵，值班律师的工作要注意两个面向。其一，值班律师应当区分不同的诉讼阶段，进而对犯罪嫌疑人、被告人提供专门化建议。基于“认罚”行为在三个诉讼阶段的表现不尽一致,① 其呈现的具体强度亦存在一定差别。故而，值班律师应当随之调整自身建议的针对性和具体性。在侦查阶段，“认罚”往往表现为：被追诉人笼统地表示愿意接受处罚。被追诉人需要承诺的仅是一种态度表示，而无任何实质性内容。于是，值班律师的工作重点仍然是审查其认罪的真实性，以确定犯罪嫌疑人、被告人确实够罪，而不存在可能导致非罪或者其他不可罚的情状。在审查起诉阶段，“认罚”则表现为“愿意接受检察院的起诉或不起诉决定，又或者认可检察院的量刑建议”。笔者认为，这一规范设定缺少了一项重要前提，即应当是“犯罪嫌疑人、被告人在听取值班律师意见的前提下”，进而才愿意接受检察机关的实体处理意见。此阶段值班律师的工作重点，即为对案件的实体处置提出意见，尤其要把握不同案件在量刑优惠上的法定幅度，并在此一范畴内为被追诉人争取最优惠的量刑建议。在审判阶段，“认罚”即表现为当庭确认系自愿签署认罪认罚具结书，愿意接受相关处罚。在刑事辩护全覆盖试点方案的语境下，所有不认罪案件在审判阶段都有委托律师或法律援助律师提供辩护服务。因此，在审判阶段

① 参见《认罪认罚指导意见》第7条第1款。

如果被告人临时决定做认罪表态，仍然应当由其辩护律师负责审查认罪认罚的合法性，而值班律师通常不必介入其间。

其二，值班律师应当向犯罪嫌疑人、被告人系统性阐释：程序选择与认罪认罚的结果认定并无必然关系。有些被追诉人可能会误认为，主动选择速裁程序或者简易程序就彰示了自身的认罪态度好。究其原因，他们笃定于主动放弃庭审相关辩护权利，就等同于给司法机关节省了时间和资源，理所当然会换来更轻幅度的量刑结果。这种想法其实是片面的。程序选择意味着被追诉人在行使自己的正当诉讼权利，其自然有权选择适合自己的审判方式。而在认罪认罚从宽制度下，被追诉人付出的代价，更多是无罪辩护和量刑辩护的实体性权利，而“认罪”与“认罚”均不包含对审判程序的任何调整诉求。在《认罪认罚指导意见》中，也明确说明了被告人享有程序选择权，且程序选择并不影响“认罚”的最终确定。[①] 因此，被追诉人完全可以在没有心理负担的前提下，根据自己的意愿选择适合的审判程序。

---

① 《认罪认罚指导意见》第7条第2款规定：“认罚考察的重点是犯罪嫌疑人、被告人的悔罪态度和悔罪表现，应当结合退赃退赔、赔偿损失、赔礼道歉等因素来考量。犯罪嫌疑人、被告人虽然表示认罚，却暗中串供、干扰证人作证、毁灭、伪造证据或隐匿、转移财产，有赔偿能力而不赔偿损失，则不能适用认罪认罚从宽制度。犯罪嫌疑人、被告人享有程序选择权，不同意适用速裁程序、简易程序的，不影响认罚的认定。”

5.2.2.3 关于“量刑”的问题

“量刑”其实属于“从宽”的实体部分。认罪认罚案件的被告人一般应当得到从宽处理，获得相对优惠的刑罚判决。值班律师在认罪案件中的终极使命，就是帮助被追诉人获得较轻的实体判决结果。若要实现此一目标，值班律师必须全面参与“量刑”的协商过程；或者是在检察机关给出确定的量刑建议以前，值班律师要发表意见并保证自己的观点被认真听取。《刑事诉讼法》第173条就规定了，人民检察院在审查案件的时候应当听取值班律师的意见。其立法目的在于，检察机关作出案件实体处理意见之前，必须创造积极条件听取值班律师的意见。[①] 但是，在司法实践中的操作顺序通常却是反向的。检察机关与被追诉人先行达成案件处理结果的共识，而后再征求值班律师意见，并令后者见证具结书的签署。由此，值班律师提供有效法律帮助的空间就变得异常狭窄，而被追诉人的权利也无法得到周全保障。在此阶段，值班律师应当及时介入检察机关与被追诉人的量刑协商过程，站在有利于被追诉人的立场，在法律框架内提出涉及量刑的意见，并与检察机关就影响量刑的若干情节进行沟通交流，进而形成为各方

---

① 根据《人民检察院刑事诉讼规则》第269条第2、3款的规定：“依照前款规定听取值班律师意见的，应当提前为值班律师了解案件有关情况提供必要的便利。自人民检察院对案件审查起诉之日起，值班律师可以查阅案卷材料，了解案情。人民检察院应当为值班律师查阅案卷材料提供便利。人民检察院不采纳辩护人或者值班律师所提意见的，应当向其说明理由。”

接受的量刑建议。[①]

5.2.3 需要注意的若干问题

第一，法律建议的性质。值班律师提供的建议当然不具有强制性，是否被采纳也由当事人视自身情况而定。值班律师断不可强迫受帮助者必须接受自己的建议。换言之，在值班律师提供法律帮助的过程中，要充分尊重被追诉人的意愿，尤其对于“认罪”“认罚”的决定，应当确保由被追诉人自己做出。值班律师在其中只起到保驾护航的辅助作用即可。但是当被帮助人对法律存在偏见或误解，或者提出非法要求时，值班律师还要不要坚持自己的意见呢?比如，明明不具备取保候审的客观条件，且具备毁损证据或者潜逃之风险，却硬是无理要求值班律师为自己申请解除羁押措施。在此类情况下，答案当然是否定的。笔者认为，值班律师要以事实为依据、法律为准绳，坚持法律的原则和底线，充当公正、客观的诉讼角色。更何况，值班律师所内嵌的公益属性，本就拒斥了其与被追诉人之间衍生屈从关系之可能性。

第二，关于建议的具象化说明。首先是建议的范围，包括实体建议和程序建议。对此，前文已然有所阐述，此

① 犯罪嫌疑人认罪认罚的，人民检察院应当就主刑、附加刑、是否适用缓刑等提出量刑建议。量刑建议一般应当为确定刑。对新类型、不常见犯罪案件，量刑情节复杂的重罪案件等，也可以提出幅度刑量刑建议。

处不予赘述。其次是建议对象具有的双向性，既包括犯罪嫌疑人、被告人，也包括司法机关。对被追诉人来说，值班律师可提供程序选择建议、认罪与否的建议、量刑的建议等；对于司法机关而言，值班律师主要提供涉及案件定罪量刑的意见，包括涉嫌的罪名、案件性质和法律规定，以及从宽处罚的建议等。因此，值班律师的“提供法律建议”模式是一体两面的，尤其区别于“咨询”模式的对象仅限于被追诉人。最后，是关于实施建议行为的场所。涉及被羁押的犯罪嫌疑人，显然需要诉诸于完善看守所值班律师会见机制。其中，要确保值班律师为受援助者提供建议的必要硬件，例如独立的会见室和充足的时间等。对于取保候审的被追诉人，笔者则建议提供建议的场所应当固定在检察院。毕竟，审查起诉系认罪认罚协议得以达成的主要阶段。不可否认，大部分案件是在审查起诉阶段签订具结书，而检察机关又是认罪认罚从宽制度的一方权力主体，基于便利性的角度也适合将值班律师提供建议的地点设置于此。

第三，关于值班律师介入量刑协商。从形式上看，量刑建议的生成似乎囊括了：值班律师代表犯罪嫌疑人、被告人向公诉机关提出从宽处理的意见。但是，这种意见的提出过程很少系一次性完毕，而经常历经反复博弈，由此塑造了事实上的协商机制。影响协商效果的因素主要有两方面。一方面是值班律师介入量刑协商的时间节点。值班律师介入协商程序的时间不应是“认罪认罚”之后，而应当为“认罪”之后。根据《认罪认罚试点办法》第 5 条第 3 款规定，“自愿认罪认罚，没有辩护人的”的被追诉人才能获得值班律师的帮助。不遑多论，这种帮助其实是非常滞后的。其实“认罪”是一种态度表示，表现为被追诉人供述并承认自己的主要犯罪事实；而“认罚”则表示同意量刑建议，即对检察机关给出的刑罚种类、量刑优惠幅度和执行方式没有异议。认罪又认罚意味着被追诉人接受了检察机关关于定罪量刑的全部意见，这已然构成了一种结果形式。值班律师在结果已经产生的情况下才介入，又能起到多大的作用呢？如此一来，其不免沦为程序的见证者。侦查阶段难以涉及控辩双方的量刑协商问题；而在审查起诉阶段，控辩双方才有相应的制度空间。笔者认为，较理想的制度安排应当是：自案件被移送审查起诉时，检察机关审查犯罪嫌疑人是否做出认罪或认罪认罚意思表示；如果存在认罪表示，应当立即指派值班律师提供法律帮助，以协助被追诉人同检察官进行量刑协商。值班律师应当参与认罪认罚形成的整个过程中，越是及早介入，并向犯罪嫌疑人、被告人介绍认罪认罚可能导致的结果，就越能保证后者认罪的自愿性和真实性。在此基础上，值班律师才能就案件性质、量刑情节等具体问题，与检察官进行实质意义上的沟通和协商，进而促成认罪认罚结果的达成。影响量刑协商效果的另一方面因素，则是检察机关的理念认知问题。目前司法实践中，一些检察机关向法院提供的量刑建议往往是纯粹意义上的一家之言，并没有听取或是未用心、耐心地领会值班律师的意见，更不会认真予以采纳。对此，检察机关应当充分认识到协商性司法的内在精髓。既然控辩交锋的重心已由审判阶段前移至审前阶段，就要转变以往办案模式下的强势主导意识，充分认知辩方意见的价值不仅是对抗，更在于合作与检验。由此，才能裨益于自身作出正确的案件处理意见。

5.3 构建出庭模式

在前文涉及值班律师权利框架的章节中，我们讨论过应当赋予其必要的出庭辩护权。这一结论的生成并非发轫于域外制度的借鉴，而是完全出自对本土司法环境的考量。我国传统的法律援助范围较狭窄，而认罪认罚从宽制度改革一经实践，即刻覆盖到全部案件类型。由于不区分轻罪、重罪、疑罪、难罪等复杂程度，大部分案件通过认罪认罚机制被分流到简易化的审判程序中。这样一来，在庭审辩护权已然被克减的情况下，若再无律师在场提供必要的提示和抗辩，而将认罪案件完全交由法官，并由其在短暂的庭审时间内审查认罪的自愿性和真实性，难免有流于形式之嫌。是故，对于没有委托律师又不符合法律援助条件的被告人，原则上应当由值班律师提供出庭辩护。考虑到律师资源的有限性以及必要的诉讼效率，则可以将出庭模式进行合理化配置。当然，我国现行立法规范均未赋予值班律师出庭权利，本部分内容希冀于为未来的制度变革提供些许参考。

5.3.1 简易程序的原则性

首先，我们先以庭审程序的差异为标准，明确有哪些案件是可能需要值班律师进行出庭辩护的。根据刑事辩护全覆盖试点方案的要求，除了符合法律援助指定辩护条件的案件之外，所有适用普通程序审理的一、二审和再审案件都要有律师参与出庭辩护。[①] 这中间，就包括了所有不认罪案件和适用普通程序审理的认罪认罚案件。如果被告人没有自行委托辩护人，那么法律援助机构有义务为其指派法律援助律师出庭辩护。在这两种案件类型中，无需值班律师提供出庭法律帮助。那么在现有的改革方案下，只有适用简易程序和速裁程序的案件，才真正存在值班律师

① 《全覆盖工作办法》第 2 条规定："被告人除自己行使辩护权外，有权委托律师作为辩护人。被告人具有刑事诉讼法第三十四条、第二百六十七条规定应当通知辩护情形，没有委托辩护人的，人民法院应当通知法律援助机构指派律师为其提供辩护。除前款规定外，其他适用普通程序审理的一审案件、二审案件、按照审判监督程序审理的案件，被告人没有委托辩护人的，人民法院应当通知法律援助机构指派律师为其提供辩护。适用简易程序、速裁程序审理的案件，被告人没有辩护人的，人民法院应当通知法律援助机构派驻值班律师为其提供法律帮助……" 由于简易程序和速裁程序的适用前提均是被告人承认自己自己所犯罪行，对指控的犯罪事实没有异议，因此可以反推出适用普通程序审理的案件包括所有被告人不认罪的案件以及认罪认罚从宽制度下被告人自愿选择普通程序审理的认罪案件。

提供出庭辩护的空间。根据简易程序适用的条件，[①] 其适用范围既包括了认罪认罚案件，又包括了只认罪而不认罚的案件类型。那么在两种案件类型中，值班律师是否都存在出庭的必要性呢？

就认罪认罚案件而论，虽然表面上控辩双方对定罪量刑问题均达成了一致意见，但是在相对严重或复杂的犯罪案件中，仍然存有庭审辩护之必要。认罪认罚从宽制度中“认罪”的标准为“承认指控的主要犯罪事实”，并不要求对全部指控的犯罪事实予以承认，故被告人仍然可以对个别情节提出异议，或是对行为的性质提出质疑。而被告人“认罚”的结果也并非要得出一个确定的刑期，只需要同意检察机关提出的明确量刑区间，即可达成“认罪认罚”协议。此外，被告人完全可以在法官面前为自己争取量刑区间内更优惠的刑罚结果，或者请求法官裁量存在异议的犯罪情节和行为性质，以求获得更加“从宽”的处理。而上述诉求的达成均离不开专业人士的帮助。在没有辩护律师的情况下，值班律师就是最具便宜性的支持资源。诚然，这一影响量刑的诉求路径即便无法达成，似乎也不会严重影响司法的公正性；但是对于身陷囹圄的被告人来说，多

① 《刑事诉讼法》第214条规定：“基层人民法院管辖的案件，符合下列条件的，可以适用简易程序审判：（一）案件事实清楚、证据充分的；（二）被告人承认自己所犯罪行，对指控的犯罪事实没有异议的；（三）被告人对适用简易程序没有异议的。人民检察院在提起公诉的时候，可以建议人民法院适用简易程序。”

一天的监禁形同一种持续的煎熬，反之则会多一分内心安慰。在特殊情形下，被告人在庭审前可能还会对认罪认罚作出反悔的意思表示，或者值班律师发现其认罪认罚出于非自愿，或者出现了新的量刑事实等意料外的情况。对此，值班律师有义务且有必要出庭予以说明。

其次，是认罪不认罚的案件类型。相关经验表明，很多被告人对检察机关指控的罪名并无异议，但是对“认罚”则常常难以苟同。尤其是针对那些复杂的刑事案件，即可能存在自首、立功、主从犯、被害人存在过错、悔罪表现等法定或酌定量刑情节，控辩双方很可能在认定上述情节方面存在一定分歧，从而导致量刑协商的失败，而无法适用认罪认罚从宽制度。因此就产生了“只认罪不认罚”的现象。事实上，这一种情况的讨论已经超出了认罪认罚从宽制度的领域。在此类案件中即便没有律师出庭辩护，法官也会尤其关注影响量刑的事实情节，故在生成误判的危险性上倒不及认罪认罚案件的几率大。因而，在资源相对有限的前提下，笔者不赞成值班律师提供此类案件的出庭辩护服务，但是被告人可以在庭前获得值班律师的咨询帮助。

总之，值班律师在适用简易程序的认罪认罚案件中，具有出庭辩护的必要，而且要分情况视之。如果是出于——在检察机关量刑建议范围内——争取更大量刑优惠的目标，笔者不建议提供免费的值班律师出庭服务。这是因为，值班律师的定位决定了其不可能如传统辩护律师一般，深入到案件细微之处。其实，值班律师应当提供的有效辩护，可归结为一种“有限的有效辩护”。只有在案件出现可能导致程序回流，或者误判风险较高的情况下，值班律师才有义务和必要提供出庭服务。为了实现上述功能预期，不妨先在值班律师资源充足的地区，探索“值班律师付费出庭机制”，或者是“值班律师转委托”机制。

5.3.2 速裁案件的例外性

现在再来看速裁程序。刑事速裁程序自 2014 年试点以来，以其分流简易案件、提高诉讼效率的功能前景而备受好评。2018 年刑事诉讼法修改时将其纳入法律框架内。当然，速裁程序的发展和演变并非本书的重点。在这里，我们仅以刑事诉讼法规定为蓝本，进一步讨论速裁案件的辩护保障问题。笔者认为，仅以下列三个维度考虑，适用速裁程序审理的案件，值班律师不宜提供出庭服务。

第一，速裁案件的特点。根据《刑事诉讼法》第 222 条的规定，适用速裁程序审理的案件应当满足三个条件：基层人民法院可能判处三年以下有期徒刑；案件事实清楚、证据确实、充分；被告人认罪认罚并同意适用速裁程序。从法律规定不难发现速裁案件的三大特点：速裁案件全部是轻罪案件；速裁案件是案件事实和证据没有争议的案件；速裁案件全部是认罪认罚案件。由此，速裁程序处理的对象，系没有争议的、被告人认罪认罚的轻微刑事案件。一方面，在这类案件中存在非法侦查行为的可能性较小。因为轻罪案件一般都不大复杂，并且证据相对容易获取，侦查人员没有破案的压力。如此，也就没有采取刑讯逼供等非法取证手段，或强迫被追诉人认罪认罚的动力来源。另一方面，由于案件事实大多单一、证据充分，加之被告人认罪认罚，其判决结果往往“一目了然”，故值班律师发挥庭审辩护职能的空间不大。况且，由于贯彻“认罪认罚从宽”政策，检察机关提出的缓刑、管制等从轻处罚意见，法院基本会予以采纳，适用非监禁刑的案件更占三分之一以上。[①] 即便是在域外，如英国、澳大利亚等国家，法庭值班律师均不向可能判处监禁刑以下刑罚的被告人提供任何法律服务的。换句话说，可能判处罚金、社区服务和缓刑的被告人不得申请值班律师帮助，而只有存在被判处监禁刑风险者才有资格得到这一专业化服务。以我国的现有条件，值班律师出庭的覆盖范畴可以规定在原则上不提供速裁程序的值班律师出庭服务。

第二，综合效益的考虑。这里的综合效益包含了两方面内容。一方面，是诉讼效率。速裁程序改革最大的亮点就在于大大提高了审判效率，[②] 无疑缓解了法院案多人少的矛盾。上文已然论述及速裁案件中律师庭审辩护的空间及价值。假设所有缺少辩护人的速裁案件都安排值班律师

① 参见窦玉梅：《刑事速裁：“简”程序不“减”权利》，载《人民法院报》2015 年 3 月 15 日，第 5 版。

② 参见王丽丽：《刑事速裁试点一年：简化细化公诉程序保障被告人权益》，载《检察日报》2015 年 7 月 22 日，第 5 版。

出庭服务，那么势必会延长庭审周期，有悖于速裁程序的设计理念。另一方面，从财政承载力的角度，倘若将宝贵的法律援助经费投入速裁案件的庭审环节，似乎在“性价比”上着实值得商榷。因此，考虑制度的综合效益，值班律师的出庭辩护，更应当聚焦于那些性质严重、公权机关可能存在非法行为的案件。

第三，速裁程序自身设置的影响。《刑事诉讼法》第225条规定，适用速裁程序的案件，一般省略庭审调查、辩论环节，而只需听取最后陈述意见。速裁程序已经实现了“极简化”，只要被告人当庭对起诉书和量刑意见没有异议，即可宣判。[①] 试问法庭调查和辩论的环节均被取消，被告人对量刑无异议，辩护律师又还能提出何种不同于公诉机关的辩护意见呢？加之认罪认罚从宽框架内，法官审理的重要对象应当是被告人认罪认罚的自愿性，[②] 值班律师在此一过程中确无存在的必要。

5.3.3 出庭辩护的标准把握

囿于适用简易程序的认罪认罚案件仍然存在着案件范围广、类型复杂的特点，加之诉讼效率和效益的考虑，不

---

① 参见蔡长春：《北京全流程简化刑事速裁机制成效凸显，刑事速裁案最短3天全程审结》，载 http：//ytzyfy. sdcourt. gov. cn/ytzyfy/402518/402565/1334316/index. html，最后访问时间：2023年4月15日。

② 参见陈瑞华：《“认罪认罚从宽”改革的理论反思——基于刑事速裁程序运行经验的考察》，载《当代法学》2016年第4期。

能简单对值班律师出庭辩护的案件进行轻罪、重罪等“一刀切”式的规定。总体来说，值班律师通过开庭前的法律咨询服务，如发现出现以下情况时，应当提供出庭辩护之帮助：被告人反悔的；发现被告人无罪的；发现被告人违背自愿认罪的；被告人提出新的量刑情节的；发现案件有争议的，以及值班律师通过主观判断认为有必要出庭的其他情况。此外，对于值班律师的出庭辩护还应配给制度层面的保障。一方面，为了保证值班律师出庭辩护的有效性，人民法院应当提供阅卷等相应的权利及便利。另一方面，为了保障值班律师辩护的实效性，杜绝值班律师出庭走过场、不认真等现象，应当参照法律援助律师在审判阶段的补贴标准给予经费支持，以积极调动值班律师出庭服务的积极性。

第 6 章　值班律师制度的配套保障

不可否认，值班律师制度的实施效果将直接影响认罪认罚从宽改革的成效，乃至是刑事诉讼改革整体的关键性因素。然而，值班律师不可能孤立地存在于司法系统中，巧妇难为无米之炊。换言之，缺少了人财物等多方面的后勤支持，值班律师制度就只能是徒有其表的“空壳”而已。保障值班律师制度的顺畅运行与良好运作，其所需调动的制度资源、理论资源绝非仅局限于刑事诉讼法学领域，而是需要多学科、多角度的共同协力。制度的有序运行离不开法律体系中诸要素的综合支撑，离不开科学的人财物管理体系，这些保障制度的合理配置与安排，对值班律师制度的发展同样至为重要，仅局限于部门法思维势必达不到最佳的制度效果。为此，完善值班律师制度的配套保障机制，某种程度上也将决定此项改革的最终高度。下面，笔者将从若干具体方面阐释当前需要予以跟进的机制举措。

6.1 建立值班律师多元主体的选拔机制

缺乏资金固然是万万不可的，但是即便有了财力保障却无人可用，则值班律师制度依然会沦为形同虚设的摆件。任何良善制度的运行都需要人事上的支持。对于值班律师而言，其价值发挥如何亦取决于操作者的行为质量。故而，选择什么样的群体来执行值班律师之职能，也应当引起足够的重视。

6.1.1 值班律师主体的来源

在我国，值班律师隶属于法律援助机构，其主体来源包括两部分，一部分是法律援助机构的专职律师，一部分是社会律师。我国目前司法对于值班律师的需求体量非常大，法律援助律师的数量远远不够，主要还是依靠社会律师。当前，律师资源表现出总体供给不充分、地区供给不均衡的问题。[①] 尽管部分地方政府通过加大补贴力度和购买服务等方式来吸引社会律师从事值班律师工作，但杯水车薪，效果不尽理想。因此，充分调动现有律师资源的基础上还应拓宽来源渠道，吸纳非律师的专业人士参与。具体来说有如下四种的来源途径。

第一，有条件的地区加大政府购买服务的力度，保证值班律师的数量与质量，同时要加大对贫困地区的支持力度。例如江苏省自 2018 年起每年拨付专门经费，为苏北 12

① 参见吴宏耀、徐艺宁：《值班律师制度的保障机制研究》，载《中国司法》2020 年第 10 期，第 78 页。

个县区购买专职法律援助律师服务。[①] 第二，在中西部极度缺乏律师资源的地区探索建立公职值班律师办公室，借鉴公设辩护人的思路，从中央或省一级财政拨付专项资金、给定人员编制，招募具有公务员或者参公身份的公职值班律师，既可以解决值班律师的稳定来源问题，同时也是精准扶贫政策在刑事司法领域的具体体现。第三，聘请退休法官、检察官参与值班律师工作。学界一直倡导充分发挥退休的法律职业群体的专业优势，来补充值班律师来源的短板。建立有效的激励机制和渠道，为值班律师队伍定期输送稳定的、高质量的服务主体。第四，探索社会力量参与值班律师计划的可能性。在现实中，值班律师的工作往往不是一个人能够完成的，而是需要众多法律助理的协助。由此，域外一些国家便催生出了法律助理计划，即类律师群体计划（Paralegal Plan）。[②] 吸纳法学院的学生以及律师助理来辅助完成工作。英国、澳大利亚和新西兰通过实施法律助理计划，有效弥补了值班律师的不足。这某种程度上也为我国值班律师制度的人事供给提供了借鉴。新出台的《法律援助法》鼓励和支持群团组织、事业单位、社会

① 参见：《值班律师参与认罪认罚程序状况调查》，载 https：//www. sohu. com/a/419747872_ 162758，最后访问日期：2023 年 4 月 15 日。

② 类律师群体计划是指由法律系的学生或实习律师来协助律师开展相关工作的一种法律援助模式。虽然法律助理不能以自己的身份单独直接提供值班律师服务，但是可以作为助手协助值班律师，完成大量琐碎的工作，分担值班律师的任务量。

组织提供法律援助。例如高校、科研机构的师生作为法律志愿者参与到法律援助活动中来,[①] 完全可以担任值班律师的角色。当然，为了防范滥竽充数者掺杂其中所诱发的品质降低之风险，选拔标准以及入门培训的着力足以起到大浪淘沙的积极效应。

“开源”还需“节流”，合理配置现有值班律师资源，创新工作方式以缓解供需矛盾。《值班律师工作办法》第17条规定“值班方式可以采用现场值班、电话值班、网络值班相结合的方式”。具体来说，主要是打破地域限制，多元化方案解决区域内值班律师供给不均衡的问题。一方面，搭建网络值班平台，例如青岛市法律援助中心设立法律援助专职网络值班律师，提供在线咨询、网上化解矛盾纠纷。[②] 另一方面，除了热线电话，还可以搭乘目前局部地区开展的律师远程视频会见的快车，由值班律师跨区视频提供法律咨询。通过创新工作方法，提高现有资源的利用效率。目前北京市不再局限于只是本区内派出所与看守所之间的远程视频会见，而是打破行政地域限制，律师在本市内自主就近选择试点派出所，就可以跨区远程视频会见不同区域看守所的在押犯罪嫌疑人、被告人。跨区远程视频会见，在一个地方就可以实现与其他区域看守所羁押的犯

① 参见吴宏耀等著:《法律援助法注释书》，中国政法大学出版社，2022年1月第1版，第88页。

② 参见戴谦:《设专职网络值班律师 升级12348专线平台》，载《青岛日报》2017年2月23日，第3版。

罪嫌疑人、被告人进行会见，极大提高了律师工作的效率。

这里，本书将回应我国应设立公设辩护人的观点。从改革文本的规范设计来看，值班律师来源于法律援助工作站，这一组织机构隶属于政府法律援助部门。某种程度上，这与域外的公设辩护人办公室似乎有某些异曲同工之处。而关于工作站的人事组合，法律援助部门需要综合社会律师与自身管辖律师的政治素质、职业道德水准、业务能力以及执业年限等因素，进而确定值班律师的具体人选，以人员名册的形式进行资源供给。表面上看，这样的安排似乎并无不妥，亦可迅速接轨于国际通行之做法。然而不可否认的是，就我国目前情况来看，并不适宜建立此类诸如公设辩护人办公室的举措。总的来说，此论断的形成是基于本土法治资源的现实条件，可追溯至主客观两个维度。在客观方面，首先，由于实际法律援助案件量大，法律援助专职律师却数量有限，加之社会律师转成公职律师的动力不强，恐怕还不能组建专职队伍来负责值班律师工作。其次，专门的公职律师则涉及人员编制、财政支出和队伍培养等多方面问题，均在短期内难以解决。而主观方面上，我们也可以看到在推行公设辩护人制度的国家，其运行效果也并非一定处于良好状态，尤其是公设辩护人负担了大量案件，使其工作积极性受挫，辩护质量堪忧。[①]有人曾经

① 参见【美】卡罗尔·S·斯泰克编：《刑事程序故事》，吴宏耀、陈芳等译，中国人民大学出版社2012年版，第108页。

戏言，如果被追诉人选择了公设律师协助自己进行诉讼防御，则不必寄予过高希望；因为他只有几分钟的时间向其介绍自己的案情，且此时已经是即将开庭之际。所以，人们常说许多国家的法庭过道里都乱哄哄的，即源自公设辩护群体的捉襟见肘。同理，基于我国目前的实际情况，由法律援助律师队伍来消化值班律师的业务缺口几乎是不可能的。而立足于市场环境，社会律师的充分介入也需要持久的动机刺激。从这个角度审视，目前似乎不宜对值班律师的主体来源作过多资质上的限制，甚至可以考虑做出一定的开放姿态，令部分法律工作者甚至专业研习者参与其中。

6.1.2 值班律师的选拔标准

就值班律师的任职资格来说，应当保持审慎的态度，通过选拔和考核来保证被选成员的专业性和规范化。但实事求是地讲，关于值班律师的选拔标准，我们还没有统一的、详细的方案设计。对于值班律师的选拔标准，在规范性文件中多表述为“政治素质、业务能力、办案经验”等笼统指标，各地行政司法部门在此基础上因地制宜，制定匹配本地区律师资源、财政状况等现实情况的选拔标准。例如在律师资源丰富的北京，在要求全市各法律援助中心不断提高值班律师队伍质量的基础上，形成了值班律师选任“三查”制度，即报名条件初步审查、履职调查、执业和违纪情况核查，以确保值班律师整体工作质量。在具体工作程序中，先由法律援助中心确定值班律师初选名单，交律师协会、律师监管部门对其近三年执业情况、有无重大违纪情况等进行审查，最后交公检法各方审核，形成三方同意的值班律师名单供各方备查。[①] 这种选拔标准能够过滤有过违纪污点和执业不佳的律师，防止某些试图浑水摸鱼的律师进入值班律师群体，但是对值班律师的刑事业务能力和专业素质的考核显然是不足的。此外，一些地区是在律师的执业年限方面设置门槛，从 3 年~10 年，笔者认为，这种标准确实有利于挑选出经验丰富的律师来从事值班律师工作，但是缺乏针对性，应当更注重刑事专业领域的经验。从全国来看，北京经验已然是较为乐观的情况，在律师资源匮乏的中西部和部分南部贫困地区，尚且满足不了办案过程中对值班律师数量的需求，对其质量的要求更是天方夜谭。

故而，域外的经验标准则可被视作他山之玉。譬如在英国，值班律师的选拔标准就很高。要想成为值班律师，必须首先成为律师协会刑事诉讼认可计划（Law Society's Criminal Litigation Accreditation Scheme）的成员，而加入该计划的门槛则是律师必须通过一系列的评估证明自己达到了律师协会设定的特定能力水平。根据 2022 年标准刑事合同的规定，值班律师由律师事务所自行选拔，但是其成员

① 参见：《打造法律援助值班律师制度“北京模式”》，载打造法律援助值班律师制度“北京模式”（beijing. gov. cn），最后访问时间：2023 年 4 月 15 日。

必须具有相应的专业资格，在警察局提供服务的值班律师需要通过警察局资格考试（The Police Station Qualification，简称 PSQ），在治安法庭提供服务的值班律师则需要通过治安法庭的资格考试（The Magistrates Court Qualification，简称 MSQ）。就考试内容来看，PSQ 和 MSQ 对刑事司法系统、刑事司法程序、律师道德和专业技能都存在一定的要求，此外还对各自领域的法律和实践内容有着细节性考察。① 在 2005 年设立这两项考试之初，英国政府就斥资 355000 英镑在培训和考核值班律师上，旨在让其更加专业化和规范化。② 结合前文所述，既然我国不免在主体来源上做宽松处理，以专业考试的方法来确保值班律师的人事质量就尤为关键。在具体策略上，则亦可借助法院、检察院、看守所等派驻场所的专业需求作为考核对象。一旦专业资质的认证形成权威力，值班律师的数量供应与服务质量之间就足以达成一定的均势。

6.1.3 值班律师的专业培训

对值班律师要有长远的国家培训计划，不仅在值班律师入门之时要进行专业性培训，也要在值班律师履职的过

① 参见标准刑事合同 2022 年版（现行版本），Standard terms-crime contract 2022-version (current version), Available from: Standard Crime Contract 2022 - GOV. UK (www. gov. uk)，最后访问日期：2023 年 4 月 15 日。

② 参见英国法律服务委员会：《年度报告（2005）》，Legal Services Commission, Annual Report (2005), London: The Stationery Office.

程中进行持续性的定期培训，以此形成值班律师的业务培养机制。尽管《值班律师工作办法》仅说明了值班律师首次上岗前要参加培训，但《法律援助法》第54条规定了对法律援助律师应当有计划的进行培训。[①] 从体系解释的角度，当然包括对值班律师的培训。“有计划”意味着对值班律师的培训不是一次性的，是定期、多次进行培训。而实践中，虽然各地司法行政部门也例行组织必要的培训，但是培训周期往往难以保证。[②] 笔者统计了多地的值班律师培训新闻通稿，发现通常培训时长都是当天结束，短短半天至一天的时间很难深入到具体的业务指导，且不成体系。因而，对值班律师进行体系化、周期性培训，对于制度功能的发挥具有重要意义。

一方面，值班律师普遍存在对刑事辩护业务掌握不够熟练的弊病，亟需加强专业培训。以律师群体在各部门法领域的分布比例来看，刑事律师的数量其实是最少的。从此一现象的影响结果来看，即导致新人不愿涉足刑事领域的辩护工作，而一些资深的刑辩律师之业务范围也逐渐转向民商事领域，加之在现有专业刑事律师的群体中，有意愿有精力加入值班律师团队的律师往往是年轻律师，却缺

---

① 《法律援助法》第54条规定：“县级以上人民政府司法行政部门应当有计划地对法律援助人员进行培训，提高法律援助人员的专业素质和服务能力。”

② 参见吴宏耀等著：《法律援助法注释书》，中国政法大学出版社，2022年1月第1版，第449页。

乏实务经验，而在审前程序中提供变更强制措施申请、提出对刑讯逼供的控告和申诉等法律帮助并非易事，甚至更考究专业功力。诚然，最便捷的解决方法是提升值班律师履职的相关准入、考核标准，以确保其专业素质要过关；但以现实层面论，值班律师群体的庞大缺口及刑事专业律师的数量短缺等矛盾丛生，令我们不得不更倾向于内部挖潜的可行做法。换句话说，以定期培训的方法对现有人力资源加以升级改造，似乎更接近于一种捷径。

另一方面，法律的不断更新需要值班律师持续学习，定期培训利于新法律、新规范的落地实施。囿于社会律师业务繁多，未见得及时了解政策和法规的变化以及背后的立法或改革意图，通过定期培训来传递立法精神，则有利于值班律师在实际工作中及时维护被追诉人的合法权利。此外，培训活动的分门别类也可为建立以具体业务为标准的值班律师体系打下基础。近几年，各地均在开展值班律师的培训活动，其中不乏有定期培训的代表地区。截至2017年9月，北京市司法局已经开展值班律师工作职责和程序、刑事案件速裁程序、认罪认罚从宽制度等培训工作110余次。[①] 杭州市也定期开展对值班律师职责、服务内容、执业纪律、刑事诉讼法律知识方面的业务培训，全面培养值班律师提供法律服务的专业性和针对性。当然，培

① 蔡长春：《北京17家法律援助中心建立值班律师队伍》，载《法制日报》2017年9月8日，第3版。

训体系的具体布局和内容设置尚需要实践中的不断摸索、试错，方能臻于理想适宜的样态。就此，笔者建议，不仅要对值班律师进行法律层面的培训，更要对辩护技能以及沟通方式进行差异化培训。

6.2 建立值班律师制度的专项经费管理机制

经费管理体制是值班律师保障制度中的另一项重要内容。常言道：兵马未动，粮草先行。我们不可能奢望每一位值班律师都成为大公无私的志愿者，尽管职业伦理层面对于此一职位有着较高的要求。任何一种职业背后都天然隐含着个体的生存需求，值班律师亦概莫能外。所谓程序正义，其实本质上是一种贵族正义，需要强大的财力支持方可维系。对于值班律师制度而言，其推行的广泛度则不可能不诉诸政府与社会的经济基础作为坚实后盾。否则，要么值班律师之中不免鱼龙混杂、泥沙俱下，进而妨害了被追诉人的权利实现；要么志愿于此项事业者恐怕寥寥无几，即便有一腔热血者亦早晚屈从于生活压力，最终导致值班律师队伍的萎缩不振，直至名存实亡。大体而言，值班律师的经费机制包括经费来源和补贴规范两个方面，前者是指国家财政经费以及来自社会的支持；后者主要指值班律师的报酬标准，例如衡量标准和计算方式等。

6.2.1 “政府主导”“社会参与”的来源机制

无论从哪个角度理解，值班律师都属于一项公共事业，称其为社会保障制度的子命题似乎亦无不可。毫无疑问，值班律师制度隶属于法律援助系统，其经费理应从法律援助经费中划拨。《法律援助法》鼓励社会力量依法通过捐赠等方式为法律援助事业提供支持，同时回报以税收优惠。可以说，我国目前已经搭建起政府和社会共同致力于法律援助事业经费保障的理论框架，来支持与发展法律援助这一关乎社会民生的公益事业。

然而，尽管政府决策在宏观目标上将刑事法律援助和值班律师制度摆到重要位置，相关经费保障的匹配到位却略显迟滞而拖了后腿。根据《中国人权法治化保障的新进展》白皮书介绍，从 2013 年到 2016 年，仅仅 4 年间，全国法律援助经费总额达到 73 亿元之多。[①]尽管全国法律援助总额四年间达到了 73 亿，但在个别地方仍然出现了经费负增长的情况。且有学者早就指出，在发达国家法律援助的政府支出约占总财政支出的 0.1%-1%，可我国仅仅达到 0.0011%-0.0122%之间，人均经费尚不足 1 元，远不及英

① 参见《白皮书：2013-2016 年全国法律援助经费总额达 73 亿》，载中国法院网 2017 年 12 月 15 日，https://www.chinacourt.org/article/detail/2017/12/id/3127501.shtml。最后访问时间：2023 年 4 月 15 日。

国的 36 英镑、美国的 11.7 美元以及日本的 3.1 美元。[①] 由此，看似欣欣向荣的数据之下，却掩盖着经费极度短缺的事实。加之财政对不同种类法律援助并没有实行类别化专项支出，还存在刑事法律援助的经费受到其他类法律援助挤压的可能性。[②] 而值班律师制度如今广泛覆盖于刑事案件，其经费缺口大已经是不争的事实，仅有部分较为发达的地区构成了例外。譬如，据统计在 2017 年，广州市的法援经费比 2016 年多增加 94.8 万元，其中天河、荔湾、番禺等区的法援处还追加刑事案件认罪认罚从宽制度试点工作专项经费共达 228.22 万元；到了 2018 年，全市新增刑事全覆盖专项经费达到 1989 万元。由于广州市在全国属于经济发达地区，政府财政比较充足，目前还可以勉强负担得起飞速增加的法律援助经费支出。经费问题除了涉及此一制度能否有效运行，更直接左右了值班律师们开展工作的积极性，及能否进一步投入精力以提高辩护质量。更何况目前急需配套的培训活动也需要足够资金的支持。

因此，调动社会层面的力量成为经费筹措的关键路径。对于政府来说，关乎社稷民生的每一个领域和任何一项制度都扮演了平等重要的角色。在资源恒定的前提下，做出局部改善的决策空间尚极为有限，更不可能企及跨越式的

① 参见陈永生：《刑事法律援助的中国问题与域外经验》，载《比较法研究》2014 年第 1 期，第 40-41 页。

② 参见谢澍：《刑事法律援助之社会向度——从政府主导转向政府扶持》，载《环球法律评论》2016 年第 2 期，第 140-141 页。

发展变局，至少这在现阶段并不现实。故而，在政府主导经费投入的基础上，积极吸收社会资源恐怕是唯一现实可行的选择。而目前我国社会参与的程度非常低，因此，应当加大税收调控的力度，通过减免税收手段来变相鼓励企业做慈善。在这里，有几点需要特别注意。首先，政府还是应当在自身的能力限度内，尽量提高法律援助经费的投放，并且合理分配法律援助经费，尤其是提高刑事案件的投放比例，而不应将责任完全推卸给民间。其次，可以考虑设立法律援助值班律师公益基金，抑或在我国法律援助基金会下单设值班律师基金通道，通过公益基金的筹措模式，积极吸收社会资金的投入。诚然，恐怕会有人质疑这一方案的可行性。但是从合理性的角度出发，这种方案设计正是向社会展现法律援助值班律师之价值意涵的最佳窗口。因为每一位公民都是潜在的刑事被追诉人，都有可能无意或有意被卷入刑事诉讼程序中。那么，每一个值班律师的服务供给就会如同救命稻草般的存在，是造福社会、造福公民的福利制度，而与医疗保险、失业保障等项目并无本质差异。

6.2.2 值班律师的经费补贴机制

讨论完资金来源的问题，紧接着就应当着眼于如何做分配的事项，即经费补贴机制的建构。一般来说，补贴应当等于或者高于同期市场水平，才能对劳动主体产生一定的激励。而补贴的标准应该与劳动质量和工作绩效密切相关，具体的规则由有权机关来制定并加以考核。在英国设有专门的独立补贴评估员（Independent Costs Assessor，简称ICA）。同时《刑事补贴评估手册》则对补贴标准作出了详细而严格的规定，包括工作的性质、时间、重要性、复杂性、难度以及实际的工作量等。① 值班律师还要自行记录会见过程以及为了会见所准备的材料清单，在会见中提出的各种法律建议等，以供审核。② 同样，社会律师事务所要出具值班律师规定的证明，才能领取到财政补贴。就具体数额而言，英国2017年值班律师的平均年收入是35 803英镑，折合每小时平均18英镑。入门级别的值班律师年收入为25 000英镑，而具有丰富经验的值班律师可以挣到每年50 000英镑。相比之下，其收入是国家中等工资（约27 600英镑）的1.3倍，是最低工资（13 936英镑）的2.6倍。此外，值班律师与社会律师的工资对比情况，显示值班律师的各项薪资标准均等于或者高于社会律师。在澳大利亚，值班律师的补贴由法律援助委员会进行统一发放。值班律师在每个月的月末要对该月的法律援助行为进行总结和汇报，并附有证明文件，待各区法律援助负责人

① 例如工作的性质标准，值班律师在工作时间从事的所有工作并不均享有补贴，只有非行政性质的，真正提供法律援助服务的实质性工作才纳入补贴范畴。值班律师应当以每六分钟为一个时间单位，对所做工作进行一次记录，包括文书写作和电话咨询服务概要，评估员据此衡量其做出了哪些实质性工作。

② 参见英国法律援助机构：《刑事法案评估手册》（2017年），Legal Aid Agency，Criminal Bills Assessment Manual（2017），s3.2.

审核通过才能发放补贴。维多利亚州为 157 美金每小时，每天最多 6 小时。[①]

再看中国，根据司法部、财政部关于法律援助补贴标准的规范性文件，[②] 对于值班律师的补贴有两部分，一是服务过程中产生的直接费用，二是基本的劳务费用。[③] 与前述的域外经验相比，我国目前的补贴机制尚显稚嫩与粗糙。一方面，补贴的范畴相对狭窄。某实务部门提出，值班律师和指定辩护律师补贴差距悬殊，在审查起诉阶段，指定辩护律师的补贴标准是 1800 元，审判阶段的补贴是 2300 元，而值班律师一上午只有 300 元。[④] 这意味着值班律师绝不可能通过自身的服务获取理想的报酬，所谓中高收入水平亦断无希望。由此，工作质量的保障便构成了一种潜在危机。另一方面，我们还没有建立起严谨的审核评

---

① 参见澳大利亚《私人执业律师法庭值班律师计划》，Private Practitioner Duty Lawyer Scheme (Rostered) - Magistrates' Courts.

② 参见司法部、财政部《关于完善法律援助补贴标准的指导意见》的规定，值班律师的补贴标准可以包括两个组成部分：一是援助服务过程中实际发生的直接费用。差旅费、邮电费、印刷费、调查取证费、翻译费、公证费、鉴定费等。其中，差旅费中包含的交通、食宿费用参照党政机关差旅费有关标准予以测算。邮电费、印刷费、调查取证费等由各地结合实际情况确定。翻译费、公证费、鉴定费则经法律援助机构核实后予以安排。二是基本劳务费用。基本劳务费用根据日平均工资、服务天数等因素确定。

③ 其中，日平均工资参照上一年度本地在岗职工年平均工资除以年工作日所得或为其加权一定系数。值班律师的补贴标准，原则上按工作日计算。值班律师为认罪认罚案件的犯罪嫌疑人、被告人提供法律帮助的补贴标准，由各地结合本地实际情况按件或按工作日计算。

④ 参见韩旭：《认罪认罚从宽制度中的值班律师——现状考察、制度局限以及法律帮助全覆盖》，载《政法学刊》2018 年第 2 期，第 8 页。

估机制，既不能合理评价值班律师的工作业绩，也难以有效遏制虚假瞒报等现象的衍生。从这个角度看，值班律师的信用体系还处在较为脆弱的发展阶段。

自从《值班律师工作意见》出台后，我国大部分地区将值班律师经费补贴纳入法律援助经费内，设立专项经费支出，在经济条件好的地区还纳入了政府购买的序列，以强化经费保障。尽管如此，值班律师的经费还存在地区间差异过大、保障不到位的问题。对此，多措并举的制度推进事成必然。一方面，要努力提高补贴标准，进一步协调财政部门，明确值班律师的补贴标准范围，以指导地方明确或者调整值班律师的补贴标准。另一方面，应当协调财政部把值班律师补贴纳入中央补助地方法律援助办案专款列支。[①] 此外，应当探索通过统筹跨区域调配律师资源、政府购买等多元方式，利用综合渠道来解决律师资源不足的问题。例如，广州市法援经费由 2013 年 885 万元就上升到 2017 年 1708.36 万元，其中广州市法援处专项经费近年的平均增幅更是达 3-4 倍，即一直保持在 600-700 万元水准。还有一点不可忽视，即广州加强对法援业务经费的管理，提高使用效益，法援业务经费使用绩效评核始终保持“优”的评级水平。为确保全市认罪认罚从宽制度试点工作的稳步推进，明确“法律帮助的补贴与法律援助案件补

① 参见北京市朝阳区司法局课题组：《开展刑事案件律师辩护全覆盖试点工作的实证分析——以北京市朝阳区为例》，载《中国司法》2018 年第 11 期。

贴一致”。各个区司法局则主动作为，积极向区党委政府汇报，在原来法援业务经费预算的基础上，争取财政支持。此外，司法局还指导市法律援助基金会创设“刑事法援全覆盖”重点项目，将办案补贴标准提高，鼓励律师承接偏远地区的刑事案件代理工作，确保偏远地区审判阶段刑事案件受援人能够得到律师的辩护服务。

6.3 建立相关主体的工作衔接机制

值班律师存在于诉讼流程中，则不免与其他权力主体打交道。而作为社会公益背景下的诉讼主体，值班律师与传统辩护人又有些不同。为此，法律援助机构有必要基于自身的公共性而与其他司法机关达成一定默契。只有此类工作衔接机制成型，才能确保值班律师的服务行为不仅及时且内嵌了充分的有效性能。

6.3.1 法援机构与司法机关的工作衔接机制

曾经有学者将当下的值班律师工作评价概括为“抽象肯定，具体否定”,[①] 即从法律规定和试点反馈的角度看值班律师的工作覆盖范围，可以说达到了很高的水平，诉讼的全过程都有值班律师的身影，看似全面保障了被追诉人

① 孟婕、崔永存：《“值班律师制度专题研讨会”综述》，载 https://www.sohu.com/a/216776663_662101，最后访问时间：2023 年 4 月 15 日。

的合法权益，但仔细观察，很多时候被追诉人急需律师帮助，值班律师却没有出现，例如，在做出认罪认罚表示之前，这种关键节点的律师缺失，将值班律师全覆盖异化为“无覆盖”。辩护律师的帮助在什么时候介入很重要，如果这一点没做到位，就难免产生一系列消极的法律后果。同样，值班律师所覆盖的“地方”不合理，同样就相当于没有覆盖。对于犯罪嫌疑人权利保障较为紧迫的环节才是需要律师及时介入的节点，比如讯问环节、送交看守所之前的 24 小时内等。此外，在羁押必要性审查、羁押期限延长的审批、甚至重新计算时限等领域，司法机关都有听取值班律师意见的急迫性与必要性。而时下暴露出比较突出的问题，就是法律援助机构与公安、司法机关的工作衔接不够顺畅。

值得注意的是，《刑事诉讼法》第 36 条只规定了向人民法院和看守所派驻值班律师，并没有包含检察机关。大量认罪认罚的案件属于被追诉人未被羁押的案件，加之检察院负责的审查起诉环节又是认罪认罚协商的主要阵地，故被追诉人寻求值班律师提供法律帮助的需求非常大，而没有固定的值班律师办公室导致每次都要提前或者临时通知法律援助机构，由此带来诸多不便。改革初期，各地检察机关与行政司法机关就这一问题已经开展积极沟通，并协调出不同方式的解决办法。其中有一些地区走在改革前端，例如河南省郑州市，几乎所有基层检察院都设立了值班律师办公室。上海市在宝山区检察院建立了首个驻检察院法律援助工作站。广州市也在市区两级检察院和看守所全面派驻值班律师。不难发现，当下检察机关是值班律师主要的工作阵地，应当尽快在法律上予以明确，而只不是对《刑事诉讼法》第36条中的“等”字作出解读。

尽管《刑事诉讼法》就上述问题作出直接规定，但《认罪认罚指导意见》第11条则明确规定了法律援助机构可以在人民检察院派驻值班律师，而后《值班律师工作办法》和《法律援助法》同样予以规定。相应的，相应单位应该做好准备工作、提供必要的办公场所和设施。这是对于实践中问题的最新解决办法，同时其还规定了值班方式可以根据当地的资源和需求灵活安排，采取定期值班或者电话、网络相结合的方式。据此笔者建议，应当在案件量大的检察院设立值班律师办公室，并每日安排至少一名律师值班；而在案件量小的检察院可以不设立值班律师办公室，但要有值班律师手册，内附值班律师名单和电话，保证可以做到随叫随到。

以上是从值班律师参与诉讼的时间和地点来分析法援机构与司法机关工作衔接不畅的原因。那么从宏观角度来看，应当加强部门间的协调和配合。各地政法委均牵头建立与法院、检察院、公安局和司法局五部门组成的工作联席会议，从制度上加强各部门之间工作衔接的便捷性和有效性，确保值班律师的工作能够有效衔接和开展。《值班律师工作办法》第28条规定值班律师应当制作工作台账并定期移送法律援助机构；第33条规定建立值班律师会商机制，设立专人沟通，从制度上构建有关机关协调配合的方式和程序。除此之外，以杭州市一些地区积极探索开发网上对接平台，部门之间相关文书可以通过信息化平台快速传递，更好实现信息共享，互联互通，进一步便捷法援机构和司法机关的工作衔接。针对部分地区值班律师资源不足的情况，可以探索建立值班律师统筹调配和跨区域协作工作机制，广州市率先尝试，对如何进行调配和协作做出了详细的规定。

6.3.2 各阶段值班律师之间的工作衔接机制

目前在值班律师工作中存在的一个显著问题，即各个诉讼阶段所属不同值班律师的工作衔接不畅。往往侦查、审查起诉和审判阶段由不同的值班律师提供法律帮助。一方面，各阶段帮助主体的更换造成了律师精力的重复浪费，后续阶段的值班律师需要重新了解案情；另一方面，甚至衍生了各阶段值班律师之间辩护思路和方向的背离，难免会导致程序回流和倒置。对此，究竟应该统一设置单一的法律援助办公室，并由其中一个律师专门负责侦查、起诉以及审判等诉讼全过程的法律帮助；还是由各个阶段的值班律师分别提供法律帮助呢？这显然是一个值得探讨和亟待解决的问题。故而，要完善不同诉讼阶段值班律师工作的衔接机制，具体来说，在前期阶段中提供法律帮助的值班律师应当制作书面工作记录，列明工作内容和各方意见，并随案卷材料一并送至下一阶段，以供后期值班律师参考。

北京市海淀区的做法也是一个较好的思路，由一名值班律师负责整个案件的全部诉讼阶段，中途不换人，这样处理就规避了值班律师之间工作衔接的问题。但应当看到，海淀模式是配合着另一举措“48 小时全流程简化”程序，二者相辅相成，在流程大幅加速、诉讼周期急剧收缩下，由同一名值班律师完成全部法律帮助工作存在现实合理性，不会对其他案件值班律师的分配产生过大影响。《认罪认罚指导意见》也认可了这种尝试。第 13 条特别规定了法律帮助的衔接问题，允许同一律师就同一案件在不同阶段提供法律服务。对于不认罪案件，在最新刑事辩护全覆盖试点方案规则的影响下，辩护律师参与诉讼的时间节点由法院阶段提前到审查起诉阶段，值班律师作为全覆盖的重要力量相应的介入时间也提前至审查起诉阶段，由同一值班律师跟踪负责同一案件显然是提高效率的不二之选。

6.4 建立被告人辩护权的救济机制

值班律师制度在运行层面所面临的最大风险，其实是法律帮助质量如何保障的难题。特别是当我们将这种帮助界定为辩护行为之时，敷衍了事与虚与委蛇将极大伤害到制度的正当性。但从另一个角度审视，值班律师的应运而生似乎也给“无效辩护”理论的引入开辟了舞台。近一段时期以来，就不断有学者建议完善认罪认罚案件中被告人“反悔”时的救济程序。之所以有这样的探讨，正反映了大家普遍存在的担心，即值班律师利用自身的专业优势，强行引导程序进入偏重效率的模式。尽管认罪认罚从宽改革发轫于诉讼效率的价值立场，却并不意味着值班律师可以放弃公正的考量。相反，值班律师制度的存续恰恰是以防范两种价值关系的过度失衡为己任的。即便在美国的辩诉交易中，无效辩护的程序救济也扮演了不可或缺的角色。法院将存在无效辩护的案件发回到发生无效辩护的程序节点之前，以此重新纠正律师的错误，保障被追诉人的合法权益。在我国认罪认罚从宽制度的发展趋势上，也应当加入有效辩护的理念，对于无效辩护给被追诉人造成不良影响的情况，应当及时诉诸程序救济。某种程度上，这一配套措施的跟进代表了诉讼理论上的与时俱进。

6.4.1 值班律师无效辩护的标准

什么样的法律帮助行为属于无效辩护呢？对此，需要进行相应的标准化设计，而域外的程序范例则供给了有益的评鉴对象。美国联邦最高法院界定“无效的律师帮助”的宪法标准，起始于斯特里克兰案（Strickland v. Washington）。[①] 在该起案件的裁决中，最高法院认为判断任何有效

① 466 U. S. 668 (1984). 根据联邦和多数州的法律，主张无效的律师帮助经常要求调查审判笔录以外的事实，可以通过对定罪提出间接攻击而提出该主张，不必在直接的上诉中提出。See Massaro v. United States, 538 U. S. 500 (2003)（基于直接上诉通常会持续很长时间的现实，作者主张，如果在法院就上诉进行裁判以前，允许上诉律师先行提出初审辩护律师提供了无效律师帮助的抗辩，那么，将会更有助于实现获得有效律师帮助的权利）。

性主张的基本点，必须是律师的行为是否损害了对抗制诉讼的基本功能，以至于难以依赖审判得到一个公正的结果。进而，法官提供了作出此一判断的基本标准。一方面，为了确立第六修正案的无效律师帮助之主张，刑事被告人必须证明律师的表现有缺陷——即低于“合理性的客观标准”。另一方面，被告人还必须证明，这种有缺陷的表现所造成的损害，假使没有这么拙劣的表现，产生一个不同的诉讼结果则具备“合理的可能性”。[①] 这一标准既适用于刑事审判程序，也适用于量刑程序[②]；既适于用委托的律师，也适用于指定的律师。总的来说，上述两项标准分别指涉了行为瑕疵和不利后果两个维度。在笔者看来，对于中国的无效辩护标准而言，这完全是可以直接套用的评判标准。而对于律师的适用方式，所谓“行为瑕疵”，主要指值班律师的行为有瑕疵，程度严重到没有发挥辩护功能；所谓的“结果不利”则指，值班律师的瑕疵行为必须导致出现不利结果，亦即瑕疵行为导致审判不公平，且审判的结果也因此不可信。

---

① 在某些有限的情形中，要对这种不利影响进行推定。

② 参见艾伦·C·迈克尔斯：《量刑时的审判权》，See Alan C. Michaels, “Trial Rights at Sentencing”, 81 N. Car. L. Rev. 1771, 1791_ 94 (2003) . 这一标准还提供了衡量以律师没有提出上诉为根据主张无效律师帮助的框架。Roe v. Flores -Ortega, 528 u. S. 470 (2000) . 在衡量答辩协商过程中律师的有效性，使用的是一个与斯特里克兰稍有不同的标准。

6.4.2 值班律师无效辩护的后果

《认罪认罚试点办法》第23条规定了速裁程序的救济理由。[①] 规定只关注了案件的实体问题，例如案件的事实、证据、法律适用和量刑问题，并没有对速裁程序的程序正当性问题做出规定，例如当事人没有获得律师有效帮助时应当如何处置。因此，在下一步立法和实践中，应当更关注二审程序性救济机制，应当加入关于没有获得有效法律帮助的程序性制裁。对于原审法院没有认真审查认罪认罚自愿性、当事人没有获得有效法律帮助等情况，二审法院应当裁定其违背法定诉讼程序，撤销原判决，发回重审。在一审程序中，如果当事人提出认罪认罚的意思表示没有充分表达，或者缺乏律师有效参与认罪协商过程，法院可以中止审理，组织检察官和律师重新开展量刑协商，以保障被追诉人的诉讼权益得到最大的实现。与此同时，如果被追诉人坚持称值班律师参与到强迫其认罪认罚的行为中，那么法院应当将该案件转为普通程序审理。大体来说，我们将无效辩护直接作为否定原审程序正当性的依据，似乎尚欠缺时机和火候；但以程序性制裁的初步建构为基础，

---

① 第二审人民法院对被告人不服适用速裁程序作出的第一审判决提起上诉的案件，可以不开庭审理。经审理认为原判认定事实和适用法律正确、量刑适当的，应当裁定驳回上诉，维持原判；原判认定事实没有错误，但适用法律有错误，或者量刑不当的，应当改判；原判事实不清或者证据不足的，应当裁定撤销原判，发回原审人民法院适用普通程序重新审判。

这不失为一项现实可行的归宿。

6.5 建立值班律师质量考评机制

当然，最为理想的状况还是值班律师总能给予被追诉人适当的法律帮助，而不必诉诸程序救济。从这个角度，无效辩护标准仅仅是一种事后补救措施，且来自于制度外部的规范性压力。更重要的是，值班律师系统内部抑或法律援助机制能够以合理的管理模式来妥当引导。环顾社会各行业领域，无不为员工制定符合本部门利益的绩效考核体系，通过定期检测组织或人员的工作行为和态度，以奖励制度进行正向激励，以惩罚制度给予反向鞭策，进而努力创造更多更好的工作业绩。科学的考评制度能够迎合工作的性质和规律，系统性的、公平的设置标准则可充分调动人员的主观能动性和创造性，而不合理的考评机制或偏离工作内容和目的，标准设计缺乏针对性，或违背人性化原则，会带给员工过度的压力使其认识不到自我价值的实现，工作效果适得其反等。科学合理的考评机制和奖惩机制是鼓励工作群体认真履责、敬业奉献的强化剂。这一点适用于各行各业，同样适用于值班律师群体。对于这一新兴群体，其问题的特殊性在于监管主体和考评标准并没有成熟的范本可循，故而需要针对实际问题在实践中不断进行细化、调整。

6.5.1 值班律师质量考评主体

就中国的律师制度而言，官方的司法行政权与自治的律师协会一直都是质量考查活动的主体。基于此，目前有一种声音，即主张将值班律师的履职情况纳入律师年度考核以及律师诚信服务记录中。但也可能出现如下问题：第一，值班律师的履职往往缺乏必要的监督平台，而行政权和律师自治体系其实是具备现成管理工具的；第二，考核机制的介入亦可能扭曲值班律师的应然功能，而事实上造成其出现行政异化的风险。而关于具体的考核评价操作者，法律援助机构似乎较之律师协会组织更具专业性，毕竟，此种评定应当偏重于公益属性的落实。具体而言，值班律师的工作要受到法律援助机构的监督和管理，对其负责和汇报工作进展情况。涉及对值班律师的选任和派驻工作，因此，法律援助机构应当安排专人负责值班律师工作。此外，有必要加强对职责履行的监督，建立值班律师的后期追踪制度；但也应竭力避免值班律师的业务活力被行政思维所限制。

6.5.2 值班律师的质量考评手段

大体来说，法律援助机构可以采取案件记录备份、抽查、问卷调查等方法，对值班律师的服务质量进行一定的评估。在英国，无论是警察局值班律师还是治安法庭值班律师，都必须对每次服务进行记录以供后续评估，内容包括当事人姓名、案件细节、是否羁押或有监禁危险、出庭日期、时间和费用等。此外，应该还在法律援助工作中引入了管理学中的关键业绩指标概念（简称 KPI），每三个月为一个周期进行考核。[①] 此外，一些国家和地区的法律援助机构还经常性地发放满意度调查问卷，根据所发现的问题改善服务标准。同时，对案件进展报告进行抽查与评估，由此监督值班律师的服务品质。对于中国的法律援助机构来说，这些都是可资借鉴的经验。当然，考评机制需要立足于科学的评价标准。为此，应当细化值班律师的工作内容，将值班律师告知认罪认罚从宽制度的性质和法律结果、协助程序选择、量刑协商情况、是否提出有效建议、阅卷、会见、核实案件事实等具体事项设置不同的分值，以百分制来计算，合理设置一个合格线，将达不到合格线的情况视为工作不称职，没有提供有效法律帮助。[②]

6.5.3 值班律师的奖惩机制

值班律师与社会律师在委托关系上存在差别，后者与当事人直接签署合同，属于有偿服务，值班律师无须与当事人签署合同。因此，在丰厚报酬和委托人监督的双重作

---

① 参见《南威尔士 2015 年法律援助客户满意度调查》，Taverner Research，Condensed Report：Legal Aid NSW Client Satisfaction Survey 2015，NSW：Taverner Research（2015）.

② 参见侯东亮：《浅谈值班律师的定位与发展》，载《国家检察官学院学报》2018 年第 6 期。

用下，社会律师往往会高质量的完成辩护工作，辩护质量大体上可以得到保证。而值班律师的履职工作更倾向于义务性，因而有必要在外部机制上予以刺激和约束，科学的奖励机制、考评机制不失为提高辩护质量之有效办法。在激励机制方面，主要是通过提高财政补贴的方式，各地根据自身经济发展水平，确定增加法律援助经费的比例和幅度，逐步提高补贴标准。在监督机制方面，要创建值班律师辩护质量评价的模型，引入检察官、法官和当事人等多元化评价主体，综合评定。而且评价结果要向社会公布，对优秀的值班律师要给予殊荣和奖励，颁发证书和物质奖励；对于不称职的值班律师不仅要告知其所在律师事务所，更要在行业内给予通报批评，此外，在其达到一定后果或程度的情况下免除其资质，进而达成降低职业声誉的负面影响。

余论　值班律师制度的未来图景

行文至此，我们或许可以对本书的主旨稍作总结了。如果在十余年前有关律师讯问在场权的讨论，能够以刑事诉讼法的最终确认而收场，那么也许值班律师制度早已在中国的法治图式中占据一席之地了。然而，历史从来不存在任何假设空间，任何现象的衍生也不会以个体的主观意志为转移。无论是从刑事司法的演进立场抑或辩护权的发展程度来审视，彼时确非值班律师制度的适宜孕育时机。就本土资源的承载能力而论，即便此一制度形态被人为创设，恐怕不但难以发挥预期的功能，反倒容易激生诉讼秩序的紊乱。随着针对侦查中心主义之弊端的遏制需求愈发凸显，“以审判为中心”的刑事诉讼制度改革事实上促成了司法模式的升级完善。在这样的宏观语境下，庭审实质化的核心价值被反复诉诸，从而催化了繁简分流的正当性与亟待性。由此，认罪认罚从宽机制改革便代表了诉讼效率的积极面向。其间，为了避免过分追逐效能而诱发的公正消减，给予被追诉人更多的法律帮助机会就成为决策权威的不二选项。在这样的逻辑进路中，值班律师制度才终于得以生成。可见，中国的值班律师并未循着域外的理想脉络而步入正轨，其自身具有特殊的现实土壤及成熟条件。也正因为如此，我们对于值班律师制度的把握以及展望，则必然立足于中国刑事司法环境的客观基础之上。

毋庸讳言，诉讼防御机制最为理想的存续状态，系自刑事案件立案起，被追诉人可以随时无阻碍的获得法律帮助；这中间，辩护律师或者值班律师可以伴随被追诉人参与所有的诉讼活动。而值班律师制度之所以能与辩护权并行不悖，就在于其能弥补刑事诉讼中法律帮助的空白地带。当值班律师与委托律师、法律援助指派律师共同形成有序衔接的互补机制，无疑就好似一张“吹弹不破”的保护膜，进而完整地覆盖整个诉讼场域，以保障犯罪嫌疑人的任一项诉讼权利。结合时下的状况，值班律师制度虽然尚处在最初发轫阶段，却已隐然浮现出不容小觑的发展潜力。特别是随着我国人权保障意识的不断加强，经济政治社会的不断繁荣，加之财政实力日益充裕，促使传统的法律援助范围得以不断扩张，从而令更多的被追诉人能够获得职业律师的支持和保护。而在未来，当值班律师制度的基础性功能得以维系，即充分发挥其在基础法律咨询和程序性法律帮助方面的优势，则诉讼两造之间的均衡性将趋于定势。因此，值班律师发挥着举足轻重的积极意义。

然而，尽管我国当下着力于审查起诉和审判阶段刑事辩护的全覆盖，且未来希冀于诉讼全流程的辩护覆盖同样是值得预期的理想目标；但在法律规范的维度上仍然存在诸多阻碍及盲区，不免客观上压缩了律师帮助的空间。这是一种有形的弊端，需要在未来加以改进调适，并且探索值班律师制度足以舒展运行的广阔场域。比如在侦查阶段，大量的侦讯活动都禁止律师介入，除了上文提及的讯问之外，还常常包括搜查、扣押、勘验、查封、检查、辨认、侦查实验等。为此，有必要在未来探索在侦查活动中值班律师的有效参与机制，以监督侦查活动的合法性及处分权益的合理性。再比如，在强制措施的决定程序中，由于普遍缺乏律师的有效参与，不免导致侦查机关肆意滥用强制处分之权力。而人们最为关注的，也是一直备受质疑的行政化审查逮捕程序。在 2012 年刑诉法修改期间，立法规范虽然新增了允许律师参与检察机关审查批准逮捕活动的内容，而学界与实务界也在近些年积极探索审查逮捕诉讼化改革，并将律师作为重要的参与来源；但是面对着如此低迷的刑事辩护率，参与的律师又该从何而来呢？故而，值班律师的代入或许是个不错的解决路径。此外，藉由探索值班律师参与羁押必要性审查制度的方式方法，还可期许在第一时间能发现被追诉者排除羁押的条件。最后，如果在侦查、起诉、审判三个诉讼环节均能看到值班律师的身影，那么执行环节又是否该给予其适当的活动机会呢？这一命题也有待进一步的挖掘与论证。再从法律帮助的对象维度延展，犯罪嫌疑人、被告人毋庸置疑是最主要的、第一位的受援客体，被害人是否有获得及时法律帮助的需要？广州市已经开展值班律师为认罪认罚案件的被害人提供法律帮助的积极探索。①

有形的问题可以通过制度层面的不断改进逐步化解，亦能通过时间表的设定而在相应周期内进一步完善。而无形的难题却需要诉诸更多的努力乃至成本投入，方可循序渐进地得到改进。针对值班律师制度，所谓无形的难题主要体现为三个方面的“信任度”缺失。一者，被追诉人及其家属尚不能对值班律师产生足够的信任度。由于服务对象众多，值班律师是否能全力以赴，不免让被追诉一方有所狐疑。更有甚者，对于其忠诚度的怀疑还容易平添值班律师系属于司法机关、并且后者节约资源投入的偏见认知。二者，司法机关尚不能对值班律师产生足够的信任度。这中间，既有专业水准层面的轻视，又不乏对其所持立场的疑虑。当然，信任是相互的，倘若司法机关不能客观理解值班律师的应然功能，二者的摩擦终将演变为影响诉讼效能的“定时炸弹”。第三，以委托律师为代表的辩护主体尚无法信任值班律师的工作成效。如果值班律师交付辩护律师的个案信息存在不足，并人为增加后者的工作负担，便难以保障被追诉方的防御行为保持必要的连贯性。总的

① 广州市《关于认罪认罚从宽制度适用中全面落实值班律师法律帮助的实施细则》中规定：“办理认罪认罚案件，被害人及其法定代理人或者近亲属没有委托诉讼代理人，又不符合法律援助条件的，办案机关可以直接通知派驻的值班律师即时提供法律帮助，或者通知法律援助机构安排值班律师提供法律帮助。办理认罪认罚案件，被害人及其法定代理人或者近亲属在办案过程中提出法律咨询要求的，办案机关可以直接通知派驻的值班律师或者通知法律援助机构安排值班律师提供法律帮助。”

来说，对于值班律师制度的持续架构，既需要在量的层面保证基本供应足以满足市场需求，又足以从质的维度支撑起被追诉人一方的基本防御工事。若要塑造出这样的系统性模型，则绝非短期内快速弥补可以达到的。因此，无论是理论价值的完善还是规范体系的健全，又或者是配套举措的支持，都需要在不断磨合调适之中才有机会达到理想佳境。总之，值班律师制度的未来图景，离不开持久而深入地摸索与博弈。

参考文献

一、著作

1. 吴宏耀等著：《法律援助法注释书》，中国政法大学出版社，2022年1月第1版，第97页。

2. 陈卫东主编：《2018刑事诉讼法修改条文理解与适用》，中国法制出版社2019年版。

3. 胡卫列等：《认罪认罚从宽制度的理论与实践》，中国检察出版社2017年版。

4. 陈瑞华：《刑事辩护的理念》，北京大学出版社2016年版。

5. 陈瑞华：《刑事诉讼的前沿问题》，中国人民大学出版社2016年版。

6. 王兆鹏：《新刑诉·新思维》，中国检察出版社2016年版。

7. 世界各国刑事诉讼法编辑委员会：《世界各国刑事诉讼法》（欧洲卷上），中国检察出版2016版。

8. 杜均品、于丽玲：《刑事辩护参考》，东南大学出版社2016年版。

9. 张军、陈卫东主编：《刑事诉讼法新制度讲义》，人民法院出版社 2014 年版。

10. 魏晓娜：《背叛程序正义——协商性刑事司法研究》，法律出版社 2014 年版。

11. 施鹏鹏：《法律改革，走向新的程序平衡》，中国政法大学出版社 2013 年版。

12. 【瑞士】萨拉·J·萨默斯：《公正审判：欧洲刑事诉讼传统与欧洲人权法院》，朱奎彬、谢进杰译，中国政法大学出版社 2012 年版。

13. 【美】卡罗尔·S·斯泰克编：《刑事程序故事》，吴宏耀、陈芳等译，中国人民大学出版社 2012 年版。

14. 陈卫东主编：《刑事诉讼基础理论十四讲》，中国法制出版社 2011 年版。

15. 陈卫东：《刑事诉讼模范法典》，中国人民大学出版社 2011 年版。

16. 宋英辉、孙长永、朴宗根：《外国刑事诉讼法》，北京大学出版社 2011 年版。

17. 【日】田口守一：《刑事诉讼的目的》，张凌、于秀峰译，中国政法大学出版社 2011 年版。

18. 陈瑞华：《刑事诉讼的中国模式》，法律出版社 2010 年版。

19. 詹建红：《刑事诉讼契约研究》，中国社会科学出版社 2010 年版。

20. 【英】杰拉德尔·汉隆：《律师、国家与市场——

职业主义再探》，程朝阳译，北京大学出版社 2009 年版。

21. 陈卫东主编：《被告人认罪案件简化审理程序》，中国检察出版社 2004 年版。

22. 刘涛：《刑事诉讼主体论》，中国人民公安大学出版社 2004 年版。

23. 陈瑞华：《问题与主义之间——刑事诉讼基本问题研究》，中国人民大学出版社 2003 年版。

24. 【英】麦高伟、杰弗里·威尔逊：《英国刑事司法程序》，姚永吉等译，法律出版社 2003 年版。

25. 宋英辉主编：《刑事诉讼法学研究评述（1978—2008）》，北京师范大学出版社 2009 年版。

26. 谢佑平：《公证与律师制度》，中国政法大学出版社 1999 年版。

27. 宫晓冰主编：《各国法律援助理论研究》，方正出版社 1999 年版。

28. 【加】戴维·克里勒：《法律援助的跨法域研究》，载宫晓冰主编：《各国法律援助理论研究》，方正出版社 1999 年版。

29. 熊秋红：《刑事辩护论》，法律出版社 1998 年版。

30. 【日】西原春夫主编：《日本刑事法的形成与特色》，李海东等译，中国法律出版社 1997 年版。

31. 李心鉴：《刑事诉讼构造论》，中国政法大学出版社 1992 年版。

二、中文期刊

32. 胡铭：《认罪认罚案件中的量刑协商和量刑建议》，载《当代法学》2022 年第 2 期。

33. 贾志强：《回归法律规范：刑事值班律师制度适用问题再反思》，载《法学研究》2022 年第 1 期。

34. 林艺芳：《刑事值班律师阅卷权研究》，载《河南财经政法大学学报》2021 年第 3 期。

35. 陈卫东、孟婕：《重新审视律师在场权：一种消极主义面向的可能性——以侦查讯问期间为研究节点》，载《法学论坛》2020 年第 3 期。

36. 汪海燕：《三重悖离：认罪认罚从宽程序中值班律师制度的困境》，载《法学杂志》2019 年第 12 期。

37. 闵春雷：《回归权利：认罪认罚从宽制度的适用困境及理论反思》，载《法学杂志》2019 年第 12 期。

38. 周文新：《监理企业转型与全过程项目管理咨询服务的改革与创新》，载《中国标准化》2019 年第 10 期。

39. 祁建建：《"刑事辩护制度四十年的发展、不足与展望"研讨会综述》，载《中国司法》2019 年第 7 期。

40. 苗生明：《认罪认罚从宽制度适用的基本问题》，载《中国刑事法杂志》2019 年第 6 期。

41. 闫召华：《听取意见式司法的理性建构——以认罪认罚从宽制度为中心》，载《法制与社会发展》2019 年第 4 期。

42. 陈瑞华：《刑事诉讼的公力合作模式——量刑协商

制度在中国的兴起》，载《法学论坛》2019 年第 4 期。

43. 周新：《值班律师参与认罪认罚案件的实践性反思》，载《法学杂志》2019 年第 4 期。

44. 顾永忠：《以刑事审判为突破口带动刑事案件律师辩护全覆盖试点向纵深发展》，载《中国律师》2019 年第 2 期。

45. 李刚：《认罪认罚从宽制度的海淀模式》，载《中国检察官》，2019 年第 1 期。

46. 北京市朝阳区司法局课题组：《开展刑事案件律师辩护全覆盖试点工作的实证分析——以北京市朝阳区为例》，载《中国司法》2018 年第 11 期。

47. 吴宏耀：《我国值班律师制度的法律定位及其制度构建》，载《法学杂志》2018 年第 9 期。

48. 侯东亮：《浅谈值班律师的定位与发展》，载《国家检察官学院学报》2018 年第 6 期。

49. 杨波：《论认罪认罚案件中值班律师的功能定位》，载《浙江工商大学学报》2018 年第 3 期。

50. 臧德胜、杨妮：《论值班律师的有效辩护——以审判阶段律师辩护全覆盖为切入点》，载《法律适用》2018 年第 3 期。

51. 贾志强：《论认罪认罚案件的有效辩护》，载《政法论坛》2018 年第 2 期。

52. 蒋超：《我国律师性质的流变与重塑——从“本位主义”到“自由职业”》，载《安徽大学学报》2018 年第

2 期。

53. 韩旭：《认罪认罚从宽制度中的值班律师——现状考察、制度局限以及法律帮助全覆盖》，载《政法学刊》2018 年第 2 期。

54. 中国政法大学法律实证研究中心课题组：《侦查讯问中律师在场可行性报告》，载《人民法治》2017 年第 13 期。

55. 吴小军：《我国值班律师制度的功能及其展开》，载《法律适用》2017 年第 11 期。

56. 孙军、樊华中：《认罪认罚从宽制度中值班律师的职责定位——以上海市工作开展情况为基础》，载韩大元等主编：《认罪认罚的理论与实践——第十三届国家高级检察官论坛论文集》，中国检察出版社 2017 年版。

57. 樊崇义：《赞法律援助值班律师制度》，载《人民法治》2017 年第 10 期。

58. 邵聪：《讯问时律师在场权制度的域外考察与中国构想》，载《法学研究》2017 年第 10 期。

59. 肖璐：《认罪认罚从宽制度之律师辩护》，载《郑州大学学报（哲学社会科学版）》2017 年第 7 期。

60. 姚莉：《认罪认罚程序中值班律师的角色与功能》，载《法商研究》2017 年第 6 期。

61. 陈瑞华：《有效辩护问题的再思考》，载《当代法学》2017 年第 6 期。

62. 谭世贵：《“刑事诉讼制度改革背景下值班律师制

度的构建”研讨会综述》，载《中国司法》2017 年第 6 期。

63. 李洪杰：《认罪自愿性的实证考察》，载《国家检察官学院学报》2017 年第 6 期。

64. 熊秋红：《审判中心视野下的律师有效辩护》，载《当代法学》2017 年第 6 期。

65. 李本森：《刑事速裁程序试点实效检验——基于12666 份速裁案件裁判文书的实证分析》，载《法学研究》2017 年第 5 期。

66. 董坤：《认罪认罚从宽制度下“认罪”问题的实践分析》，载《内蒙古社会科学（汉文版）》，2017 年第5 期。

67. 史立梅：《认罪认罚从宽程序中的潜在风险及其防范》，载《当代法学》2017 年第 5 期。

68. 顾永忠、李逍遥：《论我国值班律师的应然定位》，载《湖南科技大学学报（社会科学版）》2017 年第 4 期。

69. 李奋飞：《中国律师业的“格局”之辨——以辩护领域的定性研究为基点》，载《政法论坛》2017 年第 4 期。

70. 闵春雷：《认罪认罚案件中的有效辩护》，载《当代法学》2017 年第 4 期。

71. 程衍：《论值班律师制度的价值与完善》，载《法学杂志》2017 年第 4 期。

72. 赵恒：《认罪及其自愿性审查：内涵辨析、规范评价与制度保障》，载《华东政法大学学报》2017 年第 4 期。

73. 周新：《论从宽处理的基本原则及其类型——基于

刑事速裁程序试点的分析》，载《政治与法律》2017 年第 3 期。

74. 秦宗文：《认罪认罚从宽制度实施疑难问题研究》，载《中国刑事法杂志》2017 年第 3 期。

75. 施鹏鹏：《警察刑事交易制度研究——法国模式及其中国化改革》，载《法学杂志》2017 年第 2 期。

76. 孙军、樊华中：《认罪认罚从宽制度中值班律师的职责定位——以上海市工作开展情况为基础》，载胡卫列、董桂文、韩大元主编：《认罪认罚从宽制度的理论与实践——第十三届国家高级检察官论坛论文集》，中国检察出版社 2017 年版。

77. 史立梅：《美国有罪答辩的事实基础制度对我国的启示》，载《国家检察官学院学报》2017 年第 1 期。

78. 陈瑞华：《认罪认罚从宽制度的若干争议问题》，载《中国法学》2017 年第 1 期。

79. 王敏远：《认罪认罚从宽制度疑难问题研究》，载《中国法学》2017 年第 1 期。

80. 叶青、吴思远：《认罪认罚从宽制度的逻辑展开》，载《国家检察官学院学报》2017 年第 1 期。

81. 顾永忠、肖沛权：《“完善认罪认罚从宽制度”的亲历观察与思考、建议——基于福清市等地刑事速裁程序中认罪认罚从宽制度的调研》，载《法治研究》2017 年第 1 期。

82. 韩红、谢思淼：《认罪认罚从宽制度的实体法思考》，载《学习与探索》2017 年第 1 期。

83. 孔冠颖：《认罪认罚自愿性判断标准及其保障》，载《国家检察官学院学报》2017 年第 1 期。

84. 吕天奇、贺英豪：《法国庭前认罪协商程序之借鉴》，载《国家检察官学院学报》2017 年第 1 期。

85. 张建伟：《认罪认罚从宽处理：中国式辩诉交易?》，载《探索与争鸣》2017 年第 1 期。

86. 胡铭：《认罪协商程序：模式、问题与底线》，载《法学》2017 年第 1 期。

87. 陈重喜、李瑛：《检察环节辩护律师参与认罪量刑协商机制探析》，载《人民检察》2016 年第 23 期。

88. 冀详德、李瑛：《律师介入认罪认罚从宽制度研究》，载《人民检察》2016 年第 18 期。

89. 汪海燕、付奇艺：《认罪认罚从宽制度的理论研究》，载《人民检察》2016 年第 15 期。

90. 陈卫东：《“以审判为中心”与审前程序改革》，载《法学》2016 年第 12 期。

91. 李立丰：《“认罪认罚从宽”之应然向度：制度创新还是制度重述》，载《探索与争鸣》2016 年第 12 期。

92. 陈光中：《认罪认罚从宽制度实施问题研究》，载《法律适用》2016 年第 11 期。

93. 张建伟：《认罪认罚从宽处理：内涵解读与技术分析》，载《法律适用》2016 年第 11 期。

94. 熊秋红：《认罪认罚从宽的理论审视与制度完善》，

载《法学》2016 年第 10 期。

95. 董红民、麻伟静：《构建法律援助值班律师制度实证探析》，载《法律服务》2016 年第 10 期。

96. 刘昂：《论我国刑事案件速裁程序的构建》，载《法学杂志》2016 年第 9 期。

97. 庄永廉：《检察环节认罪认罚从宽制度的适用与程序完善》，载《人民检察》2016 年第 9 期。

98. 樊崇义、李思远：《认罪认罚从宽程序中的三个问题》，载《人民检察》2016 年第 8 期。

99. 李建明、陈春来：《认罪认罚案件速裁程序研究》，载《人民检察》2016 年第 7 期。

100. 李立家：《刑事案件律师辩护全覆盖政策实证分析》，载《中国司法》2016 年第 6 期。

101. 赵恒：《认罪认罚从宽制度适用与律师辩护制度发展——以刑事速裁程序为例的思考》，载《云南社会科学》2016 年第 6 期。

102. 艾静：《刑事案件速裁程序的改革定位和实证探析——兼论与“认罪认罚从宽制度”的理性衔接》，载《中国刑事法杂志》2016 年第 6 期。

103. 顾永忠：《关于“完善认罪认罚从宽制度”的几个理论问题》，载《当代法学》2016 年第 6 期。

104. 陈瑞华：《“认罪认罚从宽”改革的理论反思——基于刑事速裁程序运行经验的考察》，载《当代法学》2016 年第 4 期。

105. 魏晓娜：《完善认罪认罚从宽制度：中国语境下的关键词展开》，载《法学研究》2016 年第 4 期。

106. 郑敏、陈玉官、方俊民：《刑事速裁程序量刑协商制度若干问题研究——基于福建省福清市人民法院试点观察》，载《法律适用》2016 年第 4 期。

107. 郑曦：《英国被告人认罪制度研究》，载《比较法研究》2016 年第 4 期。

108. 陈卫东、亢晶晶：《我国律师辩护保障体系的完善——以审判中心主义为视角》，载《中国人民大学学报》2016 年第 3 期。

109. 刘方权：《侦查阶段律师辩护问题实证研究》，载《四川大学学报（哲学社会科学版）》2016 年第 3 期。

110. 陈卫东：《认罪认罚从宽制度研究》，载《中国法学》2016 年第 2 期。

111. 谢澍：《刑事法律援助之社会向度——从政府主导转向政府扶持》，载《环球法律评论》2016 年第 2 期。

112. 汪建成：《以效率为价值导向的刑事速裁程序论纲》，载《政法论坛》2016 年第 1 期。

113. 原立荣：《刑事速裁程序实证研究——以 C 市 J 区为分析样本》，载《首都师范大学学报（社会科学版）》2016 年第 1 期。

114. 甘权仕：《法律援助律师值班制度调研报告——以厦门市法律援助中心为蓝本》，载《法律服务》2015 年第 11 期。

115. 陈光中：《完善的辩护制度是国家民主法治发达的重要标志》，载《中国法律评论》2015 年第 2 期。

116. 顾永忠、杨剑炜：《我国刑事法律援助的实施现状与对策建议——基于 2013 年〈刑事诉讼法〉实施以来的考察与思考》，载《法学杂志》2015 年第 4 期。

117. 李奋飞：《论“表演性辩护”：中国法律法庭辩护功能的异化及其矫正》，载《政法论坛》2015 年第 2 期。

118. 陈永生：《刑事法律援助的中国问题与域外经验》，载《比较法研究》2014 年第 1 期。

119. 刘计划：《侦查监督制度的中国模式及其改革》，载《中国法学》2014 年第 1 期。

120. 李奋飞：《律师为什么要为“坏人”辩护?》，载《司法》2014 年第 9 卷。

121. 汪海燕、胡广平：《辩护律师侦查阶段有无调查取证权辨析——以法律解释学为视角》，载《法学杂志》2013 年第 11 期。

122. 武晓慧：《论比较法视野下的刑事司法协商机制》，载《中国刑事法杂志》2013 年第 11 期。

123. 陈瑞华：《论被告人的自主性辩护权——以“被告人会见权”为切入的分析》，载《法学家》2013 年第 6 期。

124. 朱昆、郭婕：《论加拿大犯罪嫌疑人的律师帮助权》，载《中国刑事法杂志》2012 年第 10 期。

125. 李昌盛：《德国刑事协商制度研究》，载《现代法学》2011年第6期。

126. 魏晓娜：《辩诉交易：对抗制的“特洛伊木马”?》，载《比较法研究》2011年第2期。

127. 王淑华、张艳红：《探索建立中国法律援助值班律师制度》，载《中国司法》2009年第5期。

128. 胡铭：《台湾刑事协商程序的产生及其影响》，载《人民检察》2008年第9期。

129. 阮兰泉：《中国法律援助值班律师制度初探》，载《河南司法警官职业学院学报》2009年第4期。

130. 李学义、左秀美：《加拿大法律援助值班律师制度及其借鉴意义》，载贾午光主编：《法律援助考察报告及理论研讨论文集》，中国方正出版社2008年版。

131. 施鹏鹏：《法国庭前认罪答辩程序评析》，载《现代法学》2008年第5期。

132. 郭婕：《法律援助值班律师制度比较研究》，载《中国司法》2008年第2期。

133. 郑自文：《新西兰法律援助制度及其最新发展》，载《中国司法》2007年第7期。

134. 成凯：《衍生与发展：“辩诉协商”在德国——一种“演进式”制度进路》，载《社会科学研究》2007年第6期。

135. 冀祥德：《域外辩诉交易的发展及其启示》，载《当代法学》2007年第5期。

136. 冀祥德：《借鉴域外经验，建立控辩协商制度

——兼与陈国庆先生商榷》，载《环球法律评论》2007 年第 4 期。

137. 李建明：《犯罪嫌疑人辩护权的立法保障——兼论刑事错案的审前预防》，载《中外法学》2007 年第 2 期。

138. 郑自文、郭婕：《探索建立中国特色的法律援助值班律师制度》，载《中国司法》2006 年第 12 期。

139. 宋志军：《侦查程序中辩护律师在场制度的构建》，载《江汉大学学报》2006 年第 3 期。

140. 【瑞典】布瑞恩·文斯林：《比较刑事司法视野中的警检关系》，侯晓焱译，载《人民检察》2006 年第 22 期。

141. 顾永忠：《关于建立侦查讯问中律师在场制度的尝试与思考》，载《当代法学》2005 年第 5 期。

142. 陈卫东：《刑事辩护律师权利体系的合理架构与立法规制》，载《国家检察官学院学报》2005 年第 3 期。

143. 陈卫东、刘计划、程雷：《变革中创新的意大利刑事司法制度——中国人民大学诉讼制度与司法改革研究中心赴欧洲考察报告之三》，载《人民检察》2004 年第 12 期。

144. 王新清、李蓉：《论刑事诉讼中的合意问题——以公诉案件为视野的分析》，载《法学家》2003 年第 3 期。

145. 陈卫东、刘计划：《论犯罪嫌疑人的诉讼主体地位》，载《法商研究》2003 年第 2 期。

146. 陈卫东、刘计划：《从建立被告人有罪答辩制度到引入辩诉交易——论美国辩诉交易制度的借鉴意义》，载《政治与法律》2002 年第 6 期。

147. 熊秋红：《论刑事辩护制度之理论基础（上）》，载《政法论坛》1997 年第 1 期。

三、外文文献

148. L. Skinns，"I'm a detainee get me out of here"：Predictors of Access to Custodial Legal advice in Public and Privatized Police Custody Areas，British Journal of Criminology (2009) 8136 A 635.

149. See Carrie Dvorak Brennan，The public Defender System A Comparative Assessment，25 Ind. Int ' I &Comp. L. Rev. 237，(2015).

150. West Australia Duty Lawyer scheme Protocol.

151. West Australia Duty Lawyer scheme Protocol.

152. Craig Goebel and John A. Epp，with contributions from GeorgeCombe and James Struthers，Saskatchewan Legal Aid：Duty Counsel Programs in Canada at 2012-2013-Workshop B2：Innovations in Legal Aid Service Delivery，D. 2.

153. Franklin Sinclair，Criminal Legal Aid in the Balance，Review of Law Criminal andEthics (2015).

154. L. Skinns，The Right to Legal Advice in the Police Station：Past，Present and Future，Criminal Law Review 1 (2011).

155. WadaTsehai，The Europwanization of the Criminal

Proceedings in the Republic of Croatia through the Implementation of the Directive 2013/48/EU, Journal of Ethiopian Law, Vol. 29.

156. JacquelineHodgson, The role of lawyers during police detention and questioning: a comparative study, Justitiele Verkenningen (Judicial explorations), March 2014, available in Dutch at http://www.wodc.nl/.

157. Willem - Jan Verhoeven andLonneke Stevens, The Lawyer in the Dutch Interrogation Room: Influence on Police and Suspect, Wiley Online Library, 18 January 2012.

158. Legal Services Commission, Annual Report (2005), London: The Stationery Office.

159. Taverner Research, Condensed Report: Legal Aid NSW Client Satisfaction Survey 2015, NSW: Taverner Research (2015).

后　记

这本书得以出版，要追溯到我的博士时期。当时选择值班律师作为博士论文的主题，是个艰难而冒险的决定。一是在2018年刑事诉讼法修改之前，值班律师制度还处于试点阶段，试行效果和未来走向甚不明朗，甚至有声音说这个制度不久将夭折，实行不下去；二是在当下，该制度的研究成果形式仅限于期刊论文和硕士学位论文，公开途径没有查阅到博士学位论文，对于该制度能否撑起博士论文的框架和体量，是个很大的挑战；最后，也有老师提出论文的理论性问题，作为博士学位论文，理论深度是首当其冲的要求。而在域外，几乎没有学术研究是以值班律师为主题的，关于值班律师的资料多见于各地的值班律师手册和新闻报道，可见在域外国家值班律师制度并不是一个有理论研究价值的领域，而只是一个实操层面的问题。

但是在我国，值班律师制度的设立初衷、运行场域和制度目标都与域外国家该制度有着云泥之别，实践情况纷繁复杂。在2018年1月2日，由中国人民大学诉讼制度与司法改革研究中心主办，北京市尚权律师事务所、蓬莱市委市政府协办，蓬莱市司法局承办的“值班律师制度专题研讨会暨第十一届尚权刑事司法青年论坛”在山东省蓬莱市举行。来自中央政法委、全国人大、最高人民法院、最高人民检察院、司法部、各地方实务机关部门以及十余所高校、科研机构的50余位专家、学者们出席了此次研讨会，我有幸跟随老师一起参加并整理了会议综述。会议围绕着制度功能、角色定位、如何让值班律师发挥实质作用、工作模式和待遇保障等问题开展了热烈的讨论。彼时，几乎所有关键问题都没有达成共识，观点也是南辕北辙，实务部门反映了很多学者关注不到的困境和矛盾，可以说会议在“百家争鸣”中结束。正是这次研讨会让我认识到值班律师制度对于我国诉讼制度改革的基础性作用和重大意义，以及该制度亟待研究的紧迫性，在与导师商议后，下定决心做此研究，希冀能够全面的、体系化的梳理出我国值班律师制度的理论逻辑和实践进路。而后刑事诉讼法的修改将值班律师制度上升为法律，更是给我注入了一针强心剂。经过“痛苦”的写作和“自我折磨”，博士论文得以完成，自认为对该制度的本土化建设作出了较为清晰的阐述。在这本书出版之际，虽然几经修改，但仍有很多不尽如人意之处，在这里希望各位老师、读者包涵、指正。

在起草这本书的时候我还是中国人民大学的一名在读博士生，当时的我时常为毕业而焦虑，为未来而彷徨。完成这篇后记的时候，我已是中国政法大学的一名普通“青椒”，站在神圣的三尺讲台上，继续着热爱的学术研究和学习。回首来时路，感慨万千，我想我足够幸运，求学和工作的道路上遇到老师们的帮助和启迪，是老师们的谆谆教诲让我变成了更好的自己。

感恩我的导师陈卫东教授。当年，我考入老师门下攻读硕士研究生，犹记第一次听老师上课时的心情，兴奋又忐忑。老师授课十分亲切，深入浅出，如饮甘怡。渐渐的，我对学术产生了浓厚的兴趣和热情。是老师为我开启了研习刑事诉讼法的大门。而后，我继续跟随老师攻读博士学位。在这四年间，老师一直督促、鼓励我，夯实刑事诉讼基本理论，紧跟前沿问题。我又在老师的鼓励下出国深造，留学的经历和视野对我影响深远。老师为人正直、治学严谨。老师曾教导我，将做学术比做做人，要有足够高的眼界和格局，才能对问题有高屋建瓴的认识和把握，才能做个大气正派的人。生活里，老师数年如一日，坚持清早打球，让我看到了何为坚韧，何为坚持。他也经常对学生们讲健康的重要性，他说健康是第一位的，不要牺牲健康去学习，这是长辈对晚辈的关切。从学术到发展、从生活到事业，老师一路引领、帮助我，师恩难报，感怀在心。

感谢中国人民大学刑事诉讼法专业的魏晓娜老师、李奋飞老师、程雷老师、刘计划老师在多年的学习中给予我的教诲、鼓励和鞭策。我从硕士阶段就痴迷于魏晓娜老师讲授的外国刑事诉讼法，一有时间就跑过去听，魏老师总是温柔的给我答疑解惑，优雅而知性。我也经常去找李奋飞老师求教，讨论问题，李老师总是那么热情，温文尔雅，在我博士论文写作的过程中，李老师主动帮助我收集实证材料，缓解我焦虑的情绪。程雷老师在带领学生一起做项目时，教给我项目报告的写作方法以及会务工作如何开展，对我现在的工作大有裨益。刘计划老师一向严谨认真，对我的博士论文审阅细致，提出了很多宝贵的建议，尽心尽责。还要感谢中国政法大学的吴宏耀老师在我博士论文写作资料方面给予的帮助。感谢我的博士论文答辩组专家刘计划老师、中国社科院大学的王新清老师、吉林大学的闵春雷老师、中国公安大学的李玉华老师和北方工业大学的韩红兴老师，是各位老师付出了宝贵的时间和精力，仔细阅读我的博士论文，给出了很多中肯的修改建议，让学生十分钦佩。

感谢中国政法大学法学院法律职业伦理研究所的王进喜老师、陈宜老师、程滔老师、刘晓兵老师、姜登峰老师、郭晓飞老师、苑宁宁老师、董静姝老师、董林涛老师、王迎龙老师、白冰老师。我博士毕业后入职法律职业伦理研究所，这是一个和睦的大家庭，我在研究所领导和同事的关怀下得到了迅速的成长。从刑事诉讼法到法律职业伦理的跨越，也让我看到了不同学科的视野以及未来发展的多样性空间，一并感谢中国政法大学和法学院给予我宝贵的工作机会。

感谢我的人大同门师兄、师姐、师弟、师妹以及各位同窗们。在刑诉大家庭中，我们亲如兄弟姐妹，感谢大家对我的关心照顾。感谢我的博士室友常洁，陪伴我无数个朝夕，一起泡图书馆，一起拍遍人大的春夏秋冬。感谢 2016 级刑诉博士班的段君尚、朱旭、张式泽、高嘉蓬、文雁峰，是他们丰富了我四年的博士生活，一同备考、调研、参加党员活动，留下了太多难忘的回忆。

最后，我要感谢我的家人。感谢我的父母和先生，他们从不给我任何生活上的压力和烦忧，鼓励、支持我心无旁骛的读书、工作。2021 年，我迎来生命中另一个无比重要的人，我的儿子，这个幼小的生命带给我太多的感动，也让我变得成熟而有责任感。感谢我的家人们如此爱我，也给我爱的能力去关怀更多的人。

行文至此，我的内心温暖且丰盈，脑海里的记忆如电影般在回放，那些美好的回忆将永远伴随我，温暖我，照亮我。转眼间，毕业即将满三年，这三年是成长的三年，也是疫情肆虐的三年，让我深刻领悟到人在自然、在灾难面前的渺小与无力。唯有不负时光、秉持初衷，带着珍惜和感恩的心，坚实的走好脚下的每一步。

孟婕

2023 年 4 月 20 日

图书在版编目（CIP）数据

中国值班律师制度研究 / 孟婕著 .—北京：中国法制出版社，2023.7

ISBN 978-7-5216-3789-2

Ⅰ.①中… Ⅱ.①孟… Ⅲ.①律师制度-研究-中国 Ⅳ.①D926.5

中国国家版本馆 CIP 数据核字（2023）第 134028 号

责任编辑　卜范杰　　封面设计　杨鑫宇

中国值班律师制度研究

ZHONGGUO ZHIBAN LÜSHI ZHIDU YANJIU

著者/孟婕

经销/新华书店

印刷/北京虎彩文化传播有限公司

开本/880 毫米×1230 毫米　32 开　　印张 / 8.5　字数 / 152 千

版次/2023 年 7 月第 1 版　　2023 年 7 月第 1 次印刷

中国法制出版社出版

书号 ISBN 978-7-5216-3789-2　　定价：42.00 元

北京市西城区西便门西里甲 16 号西便门办公区

邮政编码：100053　　传真：010-63141600

网址：http：//www.zgfzs.com　　**编辑部电话：010-63141673**

市场营销部电话：010-63141612　　**印务部电话：010-63141606**

（如有印装质量问题，请与本社印务部联系。）